Gisèle Dill

PFADFINDERKÜCHE
leicht gemacht

Gisl's Schlemmerspaß für jedermann

IMPRESSUM

Bibliografische Information der Deutschen Nationalbibliothek
Die Deutsche Nationalbibliothek verzeichnet diese Publikation in der Deutschen Nationalbibliografie; detaillierte bibliografische Daten sind im Internet über http://dnb.dnb.de abrufbar.

Herausgeber  Lilie – Verein zur Förderung interkonfessioneller Jugendarbeit in Ravensburg e.V.

Rezepte Gisèle Dill (Gisl)
Konzept & Layout Alexandra Strauß (Hexe)
Texte Gisèle Dill (Gisl), Alexandra Strauß (Hexe)
Grafiken Alexandra Strauß (Hexe)
Fotos Carsten Bernett (Irokese), Jan Bucht (Floh) Andreas Dill (Andi), Christoph Dill (Igel), Peter Dill, Corinna Ertel (Lenja), Tobias Ertl (Spezi), Christian Huse (Knorre), Christoph Ionescu (Stoffel), Jonathan Mack (Krabat), Paul Morof, Lisa Müller, Brigitte Pfeil (Tabaluga), Christoph Schaub (Boffel), Beat Sandkühler (Blitz), Florian Sandkühler (Veloce), Kathy Schneider, Tamara Schülle (Kalapir), Alexandra Strauß (Hexe), Jasmin Stucky (Stucky) Bernd Tischhauser (Funkturm), Lukas Weiss (Tassilo), Stammesarchiv des Stamm Edelweißpiraten N.N.
Druck 1. Auflage, März 2014
© Spurbuchverlag, 96148 Baunach
info@spurbuch.de
www.spurbuch.de
ISBN 978-3-88778-406-5

Für die Lagerköche

als praktisches Kochbuch und Nachschlagewerk

für Lager und zu Hause

für alle Ehemaligen als Erinnerung

für Pfadieltern zum Nachkochen

als Kochbuch für sonstige Gruppen, Schulklassen,

...

einfach

für alle Freunde von Gisl's Kochkunst!

1982 Sommerlager, Erlenmoos | Fotos: Irokese … erkennt ihr Gisl?

2013 Sommerlager "Novitas", Donautal | Foto: Blitz

Vorwort

Wie alles anfing ...

Es war vermutlich im Jahr 1980, da machte ich einen Besuch auf einem Pfadilager auf dem Hohentwiel.
(Meine Kinder Andreas, Christoph, ... waren damals bei den Pfadis des PBSL, heute PB Horizonte)
Ich bewunderte Monika, wie sie die Küche damals gemanaget hat. Wie packst Du das, für solche Mengen zu kochen, fragte ich. Kein Problem, nimm deine eigenen Rezepte und rechne die Mengen hoch, war ihre Antwort.
Einige Jahre später hatte Andi jemand für die Küche gebraucht. Ich probierte mein Glück. Die Pfadis aßen gern und gut und es schien ihnen gut zu schmecken. Ich selbst freute mich daran, mal mit dem großen Löffel anzurichten. So kam es zu einem "Alle Jahre wieder".
Es war zwar nicht nur "kein Problem", wie Monika damals sagte. Gewisse Dinge sind dann einfach Erfahrungssache.

Und darum möchte ich euch mit diesem Buch etwas von meiner gesammelten Erfahrung weitergeben.
Es braucht einfach mehr Zeit, bis 10 Liter Wasser kochen, als 1 Liter. Große Mengen im Topf warm zu halten, geht prima, aber es wird auch wie eine Art weitergekocht (gart nach).
Der Küchendienst sind Kinder, die vielleicht noch nie Küchenarbeit gemacht haben, d.h., viel mehr Zeit fürs Gemüseputzen etc. einrechnen.
Eine Prise Salz oder Zucker reicht für 1 Liter, aber meistens auch für 5-10 Liter.

Viel Spaß, viel Erfolg beim Ausprobieren.

Gisl

Der Pfadfinderbund Horizonte e.V.:
Der Pfadfinderbund Horizonte e.V. ist ein konfessionell wie auch politisch unabhängiger Pfadfinderbund aus Baden-Württemberg. Er ist Mitglied im Deutschen Pfadfinderverband DPV e.V.
Der Stamm Edelweißpiraten aus Ravensburg ist der größte Stamm und stellt ca. die Hälfte der heute 500 aktiven Mitglieder.
In Calw, Karlsruhe und Steinenbronn/Waldenbuch gibt es weitere Stämme.

Der PB Horizonte e.V. wurde 1968 als PB Südlegion e.V. gegründet (Name einer Widerstandgruppe aus dem Dritten Reich) und wechselte 1999 den Namen zu Pfadfinderbund Horizonte e.V. Er hat heute rund 500 aktive Pfadfinderinnen und Pfadfinder.

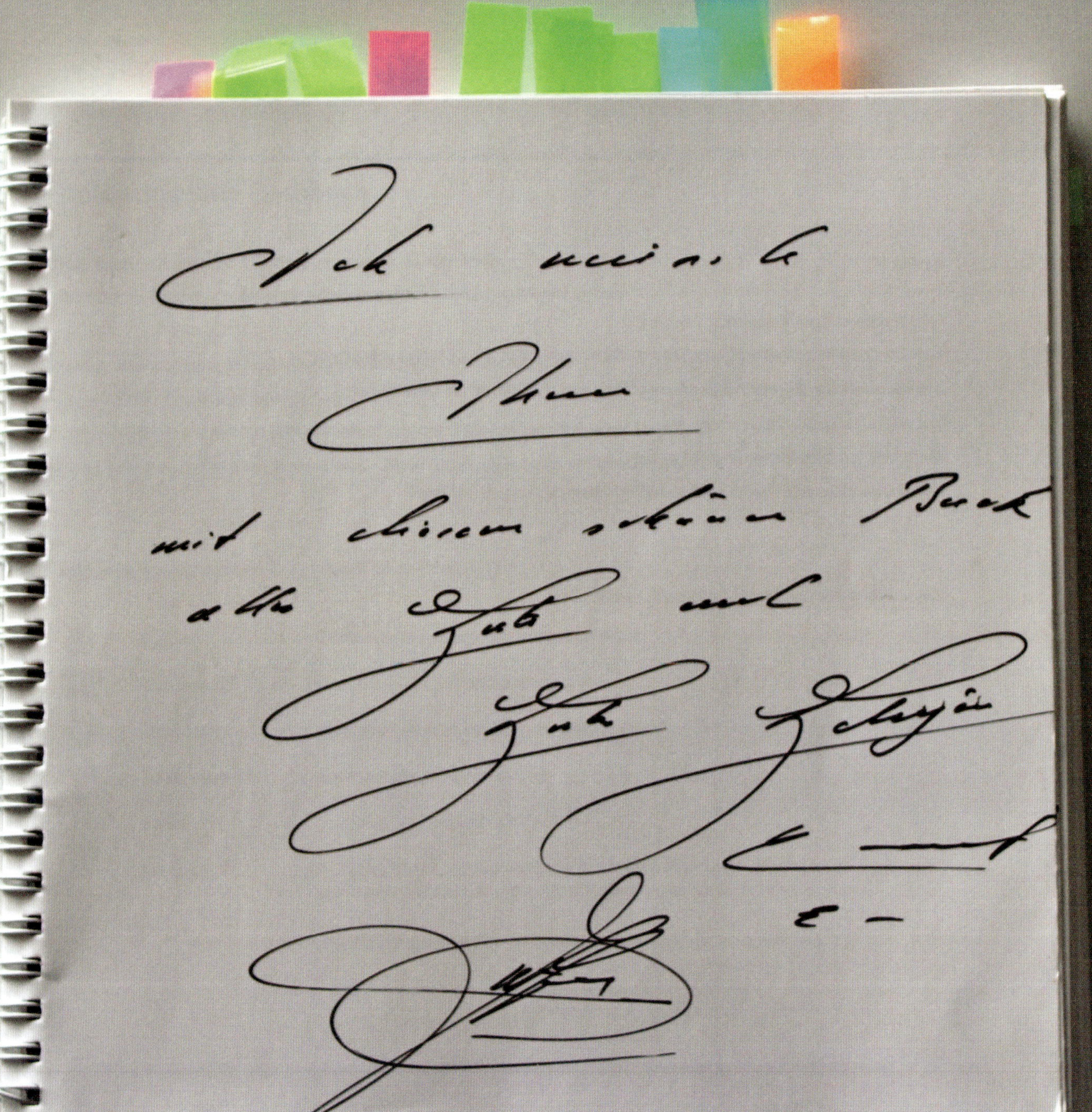

2012 **Eintrag von Herrn Schuhbeck in unserem ersten farbigen Korrekturausdruck des Kochbuches** | Foto: Hexe

Im Frühjahr 2012, als das Buchprojekt schon in vollem Gange war und die erste gedruckte Korrekturversion bereits vorlag, hatte ich im Rahmen eines Kochseminares Kontakt mit Alfons Schuhbeck. Gerne und interessiert warf er einen Blick auf unser Buch. Ganz spontan schrieb er die nebenstehende Widmung für mich in den ersten Ausdruck.

"Ich wünsche

Ihnen

mit diesem schönen Buch

alle Gute und

Gutes Gelingen

Alfons Schuhbeck"

München, April 2012

"

Lieber Herr Schuhbeck, vielen Dank für diese Zeilen und die bereichernden Erfahrungen in Ihrem Seminar!

Gisèle Dill

2011 Gruppenleiterschulung Gengenbach | Foto: Blitz

2008 Hela Stamm Edelweißpiraten, Sedrun/CH |
Foto: Stammesarchiv N.N.

DIE PFADFINDER-KÜCHE

Grundwissen
zum Einrichten & Kochen

1990 Internationales DPV-Roverlager "Europolis", Waldenbuch/Ponderosa | Foto: Irokese

Allgemeine Bemerkung:

Natürlich ist es manchmal gemütlich, mit einem kompletten Küchenteam aus Älteren, Ehemaligen "eine Küche zu schmeißen" und dem Küchendienst dann nur noch das "Putzen und Spülen" zu überlassen.
Das widerspräche aber jedem Grundsatz der Pfadfinder.

Pfadfinderköche helfen bei allen Arbeistgängen immer selbst mit, und zeigen durch ihr Vorbild und ihre Freude am Tun, wie es geht!

Die Pfadfinderküche

Als der Gründer der Pfadfinder, R Baden-Powell, 1907 den Grundstein zur heute weltweit verbreiteten Pfadfinderabeit legte, war ihm die persönliche Entwicklung der Kinder und Jugendlichen ein wichtiges Ziel. Sie sollten im Leben später gerne Verantwortung übernehmen und ein gesundes und gesellschaftlich aktives Leben führen. Dabei entwickelte er folgende Prinzipien:

Jeder übernimmt Aufgaben und ist somit wichtig fürs Ganze (**Verantwortung. Erziehung zur Selbständigkeit**)

Man lernt dadurch, dass man etwas tut **"Learnin by doing" (erfahrungs- und handlungsorientiertes Lernen)**

Im Kontakt mit der Natur und Umwelt leben, sie schützen und schonen (**Umweltschutz**)

Kinder verschiedenster Herkunft können gut miteinander spielen und die Grenzen überwinden **(Internationalität/Friedenserziehung)**

Diese Grundlagen werden bei allen Pfadfindern umgesetzt, in der Arbeit zu Hause vor Ort wie bei der Durchführung von Zeltlagern und anderen Aktivitäten. Sie prägen den Ablauf und die Pädagogik im Umgang mit den Kindern und Jugendlichen, so natürlich auch unsere **Gestaltung der Pfadfinderküche:**

Die Kinder spülen ihr Geschirr selbst ab (Erz. zur Selbständigkeit). Jeder macht Küchendienst und arbeitet fürs Lager mit.

Die Kinder lernen als Küchendienst beim Zubereiten und Spülen (Learning by doing) (waschen, schnibbeln, Tische decken, abräumen, spülen)

gesunder, ausgewogener Menüplan, regionale Waren, Bioqualität (Umweltschutz, gesellschaftliche Verantwortung)

Lager im Ausland, internationale Begegnungen (s. li. Seite), auch Rücksicht auf relig. Eßgewohnheiten von Teilnehmern.

Chef de Cuisine: Erfahrene Lagerkoch/Lagerköchin, die/der die Küche leitet. (auf Lagern >100 Personen gerne auch zwei) und 2 bis 3 Kochhelfern je nach Lagerart/Küchenausstattung (Haus/Zelt/Spülmaschine, Teilnehmeralter, Programm).

Aufgaben: Chef de Cuisine:
Organisation, Essen zubereiten und kochen, abschmecken
Aufgabenverteilung & Anleiten von Helfern und Küchendienst
Bereiche: Kochen – Wasser/Spülküche – Einkauf

Die **Kochhelfer** übernehmen je nach Fähigkeiten/Erfahrung Aufgaben (von Küchendienst unterstützen, Rühren, Schöpfen, bis zum selbständigen Kochen von einzelnen Menüteilen, Mahlzeiten Küchenbereichen) (Vorteilhaft: Der Einkäufer ist küchenerfahren, man muss manchmal beim Einkauf umentscheiden, weil es etwas nicht mehr gibt o.ä.)

Beispiele findet ihr in den ausgearbeiteten und kommentierten Menüplänen in diesem Buch, inkl. Organisationsraster.

Beim Helfen inder Küche entstehen viele gute Gespräche unter den Kindern wie mit den Kindern. Für die Kinder ist die Küche oft ein Ort des Vertrauens, denn da können sie älteren Leitern ihre Sorgen mitteilen. Und sie erfahren, wieviel Freude das gemeinsame Arbeiten macht ... und beim Arbeiten kann man unbefangen miteinander plaudern ...

Ausstattung - alles muss mitgebracht werden!

Diese Ausstattung benötigen wir für **2 Wochen Sommerlager, mit 120 Teilnehmern** im Alter von 6 bis 25 Jahren.

KOCHGERÄTE

Genug Töpfe mit Deckel (2 x 30 l, 2 x 50 l, 4 x 10 l, 2 x 3 l)
Hahnentöpfe (2 à 50 l, 3 - 4 à 30 l))
Edelstahl-Schüsseln (2 x ø60 cm, 2 x ø40 cm, 2 x ø15 cm)
Edelstahlsiebe (ø mind. 40 cm)
Kannen (10 Kannen à 2 l)
Milchkannen (2 x 50 l, 4 x 30 l)
Hockerkocher (mindestens 3)
Gas-Bräter (wenn möglich 2) (je nach Speiseplan) (Funktionsfähigkeit von Kocher/Bräter zu Hause testen)
Druckverminderer, 3-4 je nach Bedraf (für Kocher und Bräter), genug T-Stücke, genug Gasschläuche
Gasflaschen (mind. 4 große)
Pfannen (ø 40 cm, ø 30 cm je 1 oder 2)
Kochlöffel (2 große, 4 mittlere, 2 kleine)
Pfannenwender (2 Stck. groß, 2 Stck. klein)
Schneebesen (2 x groß 60 cm, 2 -3 x klein, 20 u. 40 cm)
Schöpfkellen mind. (1 x 1 l, 2 x 1/2 l, 4 x 1/4 l, evtl. 2 x 1/8 l)
Lochkellen (2 bis 3 Stck.)
Schöpflöffel, groß (mind. 4 Stck.) zum Ausgeben
Edelstahlbecken (10, besser 20 Stck. à 10 l)
Schaumlöffel (falls es Spätzle gibt)
Trichter (mind. 3 Stck.)
Zitronenpresse, gerne 2 Stck. fürs Müsli

=> lieber mehr als weniger!

ARBEITSGERÄTE

Damit der Küchendienst arbeiten kann, mind.:
6 Küchen-Messer, 6 Schälmesser, 4 feine Bircherreiben, 4 grobe Röstireiben, 6 Brettchen.
2 Brotmesser, 2 -3 große & div. mittlere Schneidebretter
Wetzstab, Schere, Fleischgabel, Flaschenöffner, Korkenzieher, Dosenöffner

VERBRAUCHSMATERIAL

Gefriertüten, 1 Pck. à 100 Einmalhandschuhe, Alufolie, Frischhaltefolie, Küchenrolle, Taschentücher, Streichhölzer, Klebeband, Handcrème, Taschenrechner, Schreibblock, Stifte, Fliegen-Klebestreifen,
Müllbeutel (2 gr. Rollen),
Desinfektionsmittel f. Hände,
Seife in Seifenspender, Nagelbürste
Spülmittel (biologisch abbaubar) 3-4 l (je nach Konzentrat), 5 Tabs Spülmaschinenmittel (ganz verbrannten Topf im Notfall damit einweichen, dann wird er wieder).

SPÜLBETRIEB & WÄSCHE

Schürzen (ca. 15 bis 20 Stck.)
Küchenhandtücher (40-50 Stck.)
Topflappen, besser isol. Handschuhe (2 Paar)
Schwammtücher/Spüllappen (5 mal 5-er-Pack),
12 Spülschwämme,
4 Topf-/Pfannenreiniger, 1 Pck. Akopatz,
Spülwannen (Kunststoff, 3 Stck. à mind. 70 l, 1 x 20-30 l)
Wäscheleine, Wäscheklammern,
10 S-Haken zum Aufhängen von Schöpfkellen & Co
2 paar Gummihandschuhe

WASSER

Wassertank (Lebensmittelgeeignet) 2 à 1000 l
Wasserschläuche je nach Infrastruktur des Platzes
Genügend Verbindungsstücke, 2 Düsen,
Anschlussstücke für Waschstellen, Schellen, Rohrzange

SICHERHEIT

Erste-Hilfe-Koffer, Pflästerchen
Löschdecke

Einrichtung und Lebensmittellagerung

EINRICHTUNG/REGALE

- Genügend (10-15) **Biertischgarnituren** zum Arbeiten, als Regale, in Küchen-/Vorratszelt aufstellen.
- Arbeits-Biertische mit **Edelstahlplatten** (Foto Seite 36)/ Wachstischdecken abdecken. Hygiene!
- Paletten als Unterlagen (gerne 6 Stck.)
- Verschiedene **Abfallcontainer** in Küchennähe und gut gekennzeichnet aufstellen (Papier, Alu Dosen, Glas), aber nicht direkt in/bei der Küche, da der Müll Insekten anzieht. Nicht erst am Schluss sondern regelmäßig entsorgen!
- **Kompostgrube** (falls erlaubt) nicht zu nah am Küchenzelt (Ungeziefer!), gut ist ein Platz am Waldrand im Schatten.
- Separates kleines (Hand-)**Waschbecken** für Küche direkt bei der Küche aufstellen, mit Seife/Desinfektion (Hygienevorschrift)
- **Abtropfregal** für Töpfe etc. bauen (Bild Seite 128), Spülstelle bei Regenwetter ggf. mit Paletten unterlegen.
- **Wäscheleine** für Küchentücher spannen; auch im Zelt (für schlechtes und sehr windiges Wetter)
- Wird ein Backofen gebaut? Welches Zubehör?
- Gas weit genug weg vom Kocher aufstellen.
- Die Küche so einrichten, dass sie auf einer Seite am besten ganz abgeschlossen ist (Durchgangsverkehr aller Pfadfinder einschränken!)

LEBENSMITTELLAGERUNG

- Keine Lebensmittel auf dem Boden lagern, es sei denn, sie sind in dichten Holz-/Alukisten verpackt (Mäuse, Bakterien...!). Alles muss auch **insektensicher** aufbewahrt werden (Ameisen, Fruchtfliegen, Bienen, ...).
  Mit Biertischgarnituren Regale im Küchenzelt und Vorratszelt aufbauen (siehe diverse Fotos).
- Lebensmittel, welche **Feuchtigkeit** anziehen (Zucker, Salz, ...) wenn möglich in Dosen mit Deckel aufbewahren, bei schlechtem Wetter auch Streichhölzer gut verpacken!
- Leicht verderbliche Lebensmittel kühl lagern: Kühlschrank oder Kühlanhänger (Getränkemarkt), im Bach kühlen ist nicht mehr zulässig.
  Das Vorratszelt unbedingt in den Schatten stellen.

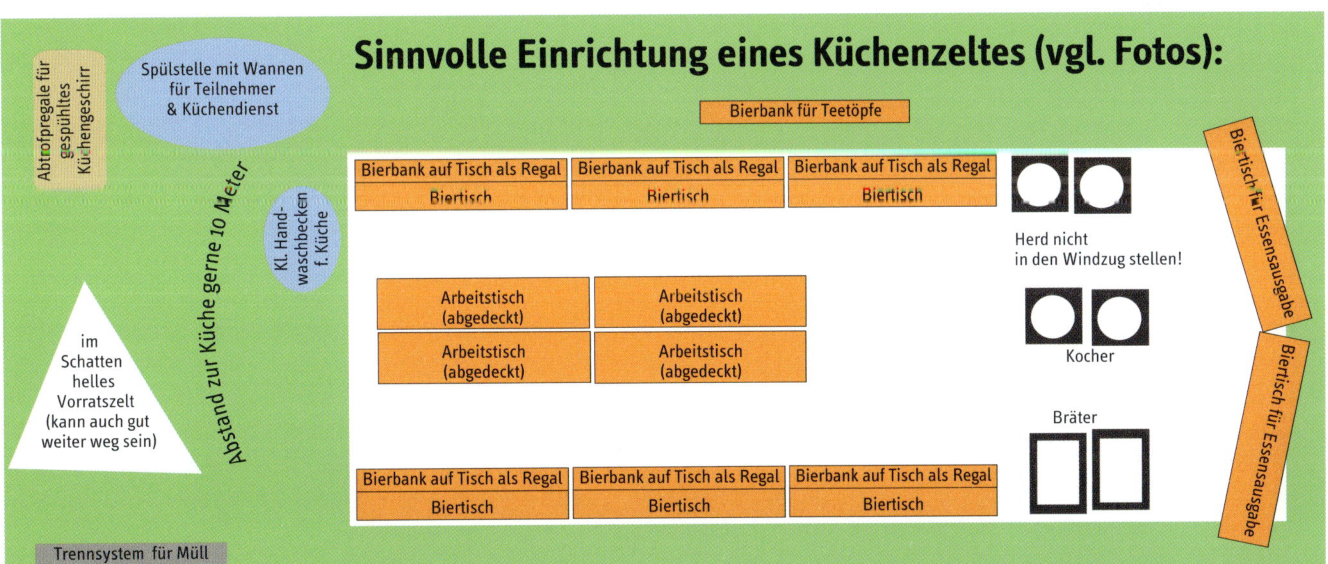

Lagerhygiene - ein paar Gedanken müssen sein!

Auf jedem Lager muss unbedingt ein gewisser Hygienestandard eingehalten werden. Dieser ist in den letzten Jahren durch das *Infektionsschutzgesetz* und die *Lebensmittelhygieneverordnung* deutlich angehoben worden. In einem Hüttenlager sind viele Dinge gut umsetzbar, auf einem Zeltlager sind die Herausforderungen größer und schlechtes Wetter erschwert manches.

Ein Muss ist es, dass mind. eine Person des festen Küchendteams sich einmal einer Erstbelehrung durch das Gesundheitsamt nach *§ 43 des Infektionsschutzgesetzes vom 20.7.2000* unterzogen hat. Erkundigt euch zu Hause, wann Termine angeboten werden, wie die Kosten sind und ob es über euren Kreisjugendring Erstattungsmöglichkeiten des Teilnehmerbeitrages gibt.

Natürlich kann kein Zeltlager den Anspruch der Gastronomie perfekt erfüllen, wenn Ihr aber die folgenden Ratschläge umsetzt, tut ihr sicher euer Möglichstes und ein eventueller Prüfer wird zufrieden sein: Die küchenbezogenen Hinweise des Gesundheitsamtes Ravensburg zur Durchführung von Jugendzeltlagern wurden eingearbeitet.

WASSER

- **Nur frisches Trinkwasser zum Kochen und Spülen und zur Körperhygiene verwenden,** am besten aus einer festen Leitung. Wassertanks müssen für Trinkwasser geeignet sein (Lebensmittel), ebenso Schläuche.

  Da Trinkwasser in Kanistern/Tanks schnell verkeimt, muss es täglich gewechselt werden.
  Behältnisse müssen im Schatten stehen, zur Not eine Zeltplane darüber spannen.
- Schmutzwasser: Bestimmungen vor Ort einholen.

KÜHLEN

- **Leicht verderbliche Lebensmittel, wie Fleisch, Wurst, Eier müssen gekühlt gelagert werden oder ggf. noch am Einkaufstag verbraucht werden.**
- Hackfleisch ist durch den Eiweißgehalt und die lockere Oberflächenstruktur sehr schnell verderblich (Salmonellengefahr durch sich schnell vermehrende Bakterien)
- Die Kühlung muss speziell überlegt werden:
  Ein Bach ist nicht mehr zulässig zum Kühlstellen!
  - Gibt es beim Bauern einen Kühlschrank/Gefriertruhe?
  - Wird ein Kühlanhänger bestellt (Getränkemarkt)?
- Das Vorratszelt unbedingt in den Schatten bauen, aber Vorsicht bei Waldameisen!

UMGANG MIT LEBENSMITTELN

- **Fleisch (besonders Hackfleisch) und Eier immer gut durchgaren. Hackfleisch nur am Einkaufstag verwenden.**
- **Rohe Kuhmilch unbedingt auf 70 °C erhitzen.**
- **Obst, Gemüse Salat immer gut waschen**
- **Lebensmittelregale bauen - nichts auf den Boden stellen**
- **Aluboxen, dichte Kisten für Vorräte.**
- offene Lebensmittel in hygienisch einwandfreien Behältnissen verschlossen aufbewaren.
- Kein Zelt-/Programmmaterial in der Küche lagern.

BEIM ARBEITEN MIT LEBENSMITTELN/ZUBEREITEN

- Arbeitsflächen mit Wachstischdecke oder Edelstahlplatten abdecken, damit sie gut zu reinigen sind.
- **Arbeitsflächen während der Zubereitung, nach den einzelnen Arbeistschritten immer wieder gut reinigen: Nach Fleisch, Eier, Geflügelverarbeitung besonders gut!**
- **Vor der Zubereitung von Lebensmitteln müssen die Hände gründlich mit Seife gereinigt werden.**
- Lappen, Handtücher, Spüllappen täglich wechseln, sie können ausgekocht werden (20 Min.) und dann aufgehängt trocknen (Wäscheleine).
- Feuchte Handtücher, Lappen (Schmutzwäsche) nicht in Tüten lagern, denn dort schimmeln sie schnell. Auch schmutzige Wäsche erst trocknen, dann einpacken.

- In Hüttenlagern Küchenboden am Abend feucht wischen. Auf Zeltlagern unbedingt den Boden sauber halten, keine Speisereste, die Ungeziefer anlocken. Am Abend in Essens- wie Küchenzelt alle Tische abwischen und den Boden säubern (Reste auflesen).

KÜCHENTEAM (Küchendienst ggf. darauf hinweisen)

- separates Küchen-WC benützen, damit Keime nicht über die Kleidung von Teilnehmern auf Lebensmittel übertragen werden (beschriften). Nach jedem Toilettengang Hände mit Seife waschen (Seifenspender für alle aufstellen).
- Küchenteam sollte selbst gesund sein, nicht auf Speisen husten oder niesen.
- **Persönliche Hygiene:** Kurze Fingernägel, kein Schmuck, keine Armbanduhren etc., regelmäßig Hände waschen, jeden Tag ein neus T-Shirt, evtl. Hose, keine weiten Ärmel
- Lange Haare zurückbinden, Küchendienst dazu anhalten. evtl. Hut/Kopftuch/Mütze.
- Ärmel hochkrempeln (wie beim Foto neben dem Hefezopf, nicht wie beim Birchermüsli)
- Hande regelmäßig eincremen, rissige Hände bieten Platz für Keime (ansonsten Einweghandschuhe).
- Schürzen für Küchenteam und Küchendienst sorgen z.B. mit Stammesaufdruck für Hygiene und gute Laune.
- geeignetes Handwaschbecken bei der Küche, siehe Bild Seite 36, mit Seifenspende und Desinfektionsmittel

SPÜLSTELLE

- Eine große Herausforderung im Zeltlager ist eine saubere Spülstelle: Mit genügend Paletten, Gestellen für erhöhte Spülwannen, Abtropfgestelle für Küchengeschirr schafft Ihr es auch, bei schlechtem Wetter dem Matsch Herr zu werden ...
- Bereitet immer genügend und heißes Spülwasser zu, stellt eine Wanne mit Seifenwasser und eine Wanne mit Nachspülwasser (pro 50 Personen je eine) hin. Baut am besten ein Gestell dafür, stellt sie nicht auf die Erde (Matsch!).
- Stellt einen Komposteimer für Tellerreste bereit.

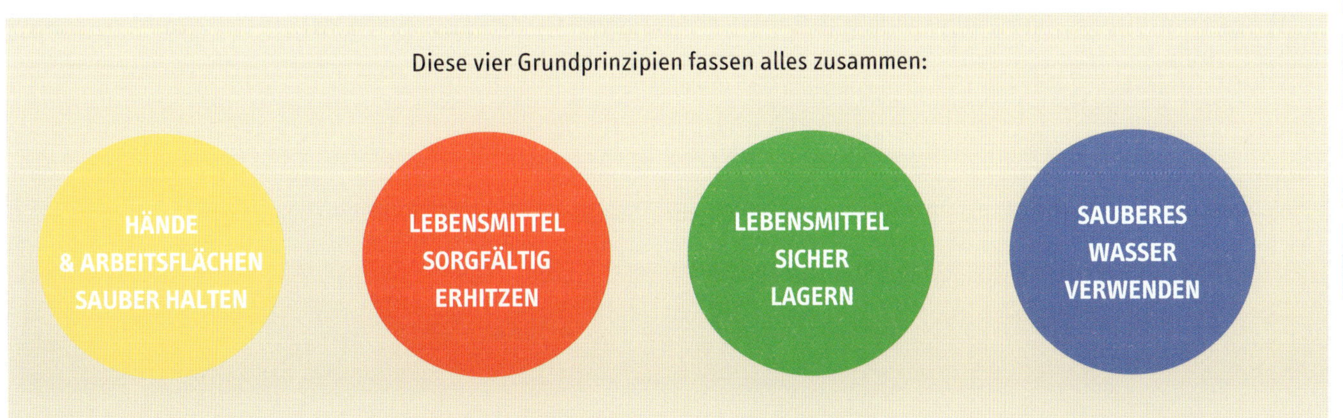

Erste Hilfe mit Hausmitteln aus der Küche ...

Durch einfache Hausmittel aus der Küche könnt ihr die Erste-Hilfe-Zuständigen auf dem Lager gut unterstützen:

Bauchweh, Blähungen	Fencheltee oder Fenchel-Anis-Kümmeltee, Kamillentee, Wärmflasche, Zwieback.
Bienenstich	Zwiebel halbieren und frische, saftige Schnittfläche auf den Bienen/Vespen/Bremsenstich drücken, mindestens 20 Min., evtl nach 10 Min die zweite Seite nehmen.
Blasenentzündung	Schachtelhalm-/Brennesseltee, Arzt aufsuchen!
Entzündungen	z.B. Nagelbettentzündung, andere wunde Stellen, gerötete Haut: Frisch aufgebrühten Schwarztee-/Kamillenteebeutel auflegen, wirkt entzündungshemmend, (Aber Teebeutel nicht auf entzündete, gerötete Augen legen. Da lieber einen kalten Waschlappen.
Erkältung	Viel Tee trinken, Lindenblütentee regt Schwitzen an, ab ins Bett ...
Halsentzündung	Zwiebelwickel (angedünstete Zwiebelringe in Handtuch aufrollen und so heiß, wie man es erträgt, um den Hals legen, bis sie abgekühlt sind. Außen herum nochmal Handtuch. Tee mit Honig. Salbeitee trinken, damit gurgeln.
Harz an den Händen	geht mit Margarine weg
Heimweh	Ablenkung, ins Programm einbeziehen, Aber auch ernst nehmen, oft genügt eine kleine Extraportion an Zuwendung durch den Leiter oder jemand aus der Küche ...
Heiserkeit	Heiße Zitrone: ! Zitrone auspressen, erhitzen mit Wasser (150 ml) und mit Honig süßen. So heiß wie möglich trinken, nicht verbrennen!
Husten:	Spitzwegerichtee nimmt den Hustenreiz
Kopfweh	Viel Trinken!!!!
leichte Verbrennungen	kühlen, mindestens 20 Min., keine Kühlelemente aus dem Gefrierschrank direkt auf die Haut legen. Dann Handtuch doppelt dazwischen. Quark/Joghurt geht auch sehr gut, und das Kalzium in der Milch wirkt entzündungshemmend.
Magenweh	Kamillentee
Menstruationsbeschwerden	Frauenmanteltee, Wärmflasche, hinlegen, Beine anwinkeln, Mädchen ablenken.
Mückenstiche	Spitzwegerich
Ohrenschmerzen	Kleines Säckchen mit gehackten Zwiebeln, Die Fäden aus den Spitzwegerichblättern zusammenknüllen und an den Ohreingang legen, nicht hineinstecken!
Prellungen, kleine	Essigwickel
Sonnenbrand	kühlende (Quark-)auflage (siehe Verbrennungen), nasses T-Shirt anziehen geht auch.

Bei Fieber, Durchfall, größeren Schnittverletzungen, Krankheiten, die den ALLGEMEINZUSTAND eines Teilnehmers stark verändern, nicht herum experimentieren, sondern einen ARZT aufsuchen, Kontakt mit den Eltern des Teilnehmers aufnehmen!

Besonderheiten bei großen Mengen

Bei großen Mengen müsst ihr darauf achten, dass die Kochgeräte ausreichend groß ausgelegt sind.

In Pfadiheimen sind die Küchen meist entsprechend eingerichtet und verfügen heute inzwischen oft über eine Gastronomieküche mit Kippkessel/-bräter und großen Töpfen.

Bei Zeltlagern muss alles Küchenmaterial mitgebracht werden, evtl. sogar aus verschiedenen Ortsgruppen, Stämmen organisiert werden (wie auf einem Bundespfingst oder -sommerlager). Das erfordert genaue Packlisten und hinterher ein gründliches Zurücksortieren. Material gut markieren!

- **Zwiebeln/Fettmengen** nicht einfach hochrechnen, sondern reduzieren, es braucht weniger (außer Gulasch).
  Gewürze erst weniger verwenden, dann probieren, beobachten, zugeben ...
- **Nudeln** sehr knapp al dente kochen, sie garen nach, wenn sie stehen.
  (Ebenso den Reis noch gut bissfest lassen, wenn er länger warmgehalten wird.)
- Es braucht einfach mehr **Zeit**, bis 10 Liter Wasser kochen, als 1 Liter. Jeder Kocher, Herd ist anders. Manchmal ist eine Herdplatte besonders langsam/schnell.
- Der **Küchendienst** sind Kinder, die vielleicht noch nie Küchenarbeit gemacht haben, d.h., viel mehr Zeit fürs Gemüseputzen etc. einrechnen, als man selbst benötigt. Oft müsst ihr es ganz genau vormachen.
- **Eine Prise** Salz oder Zucker reicht für 1 Liter, aber meistens auch für 5-10 Liter.

1998 "Pfingsten im Süden", Aalen | Foto: Stammesarchiv N.N.

Organisation vor dem Lager

1. **Küchenteam zusammenstellen**
   Wer hat die Hauptleitung, wer sind die Helfer?
2. **Budget und Programm**
   (Wird ein Backofen gebaut? Wann ist Hajk? Elternbesuchstag, Schwimmbadbesuch ...?)
3. **Menü- und Arbeitsplan erstellen**
   (siehe ausführlicher Menüplan, Küchen-Organisationsraster, Hinweise Menüplan LEKKAR, Hygienetexte)
4. **Materialliste zusammenstellen**
   (bei Hüttenlagern genau recherchieren, was da ist)
5. **Lebensmittel Einkaufen** für die ersten Tage einkaufen, Verbrauchsmaterial und ggf. Gewürzkiste auffüllen.
5. Vergewissern, dass das, was ihr brauchst auch wirklich mitkommt, am besten ihr **helft beim Einpacken** mit!

Küchen-ABC „Was ist gemeint mit ... “

Ablöschen	Angebratenes Fleisch/Gemüse wird mit Brühe übergossen (zischt, spritzt evtl.) und darin weiter gegart.
Abtropfgewicht	Bei Dosen steht meistens die Angabe Füllmenge dabei (soviel ist insgesamt drin, z.B. Tomaten und Wasser, oder Pfirsiche und Saft. Das Abtropfgewicht sind die Inhalte, wenn man die Flüssigkeit abgießt.
Abschmecken	Immer vor dem Servieren die Speisen noch mal probieren und evtl. nachwürzen. Nach Zugabe von Salz oder Brühepulver immer erst mal gut rühren, bis sich alles aufgelöst hat.
Alkohol, kochen mit	Alkohol verdampft nie vollständig beim Kochen, ausführliche Erklärung dazu siehe Seite 19.
Backofen-Hitze	Backt ihr mehrere Bleche gleichzeitig, müsst ihr Umluft nehmen, damit die Hitze überall gleichmäßig hinkommt. Man stellt in der Regel bei Heißluft/Umluft ca 10 bis 20° weniger ein.
Backofen	In der Regel sind für die Backrezepte Ober-/Unterhitze angegeben. Bei Umluft braucht man etwas weniger Hitze, das Backgut wird knuspriger, aber auch trockener.
Brotsorten	Vollkornbrote halten länger frisch und sind gesünder. Kinder mögen manchmal das hellere Brot lieber, etwas mischen ist am besten, oder auch mal am Sonntag einen Zopf.
Brühe	Verwendet zum Würzen nur Gemüsebrühe, so müsst ihr den Vegetarieren kein "Extrasüppchen" kochen. In den Rezepen findet sich immer die Angabe "Brühepulver für ... Liter | 0,8 |", denn manchmal wird das Brühepulver im Rezept zum Würzen ohne Wasser verwendet. Da jedes Brühepulver verschieden intensiv ist (siehe Verpackung), könnt ihr so beim Einkaufen die Mengen leichter zusammenrechnen.
Budget	Pro Person könnt ihr mit einem Tagessatz rechnen: (Die Preise sind Erfahrungswerte 2012/2013) Hüttenlager/Herbst: 5-6 €, Zeltlager Pfingsten/Sommer: 4-5 € Schulungen (TN ab 14 Jahre) 6-8 €
Dünsten	Dünsten oder anbraten. Was macht den Unterschied? Die Hitze: -> dünsten: niedrige Temperatur, z.B. für Zwiebeln, Knoblauch, Gemüse -> anbraten: mittlere Temperatur, z.B. für Fleisch, damit sich die Poren schließen und der Fleischsaft nicht herausläuft, so bleibt das Fleisch saftiger (siehe auch –> Rund um die Zwiebel).
Eier	Unbedingt frische Eier verwenden, am besten von einem Bauern, den ihr kennt. Ihr müsst sie gekühlt aufbewahren (Infektionsgefahr: Salmonellen).
Einheiten	In fast allen Rezepten sind die großen Einheiten Kilogramm (kg) und Liter (l) verwendet, da das Kochbuch ja zum Kochen für große Gruppen gedacht ist, und beim Zusammenrechnen der Mengen für große Lager braucht ihr sie für die Einkaufslisten in dieser Einheit. Das sieht bei der 4-Personenangabe dann ungewohnt aus, z.B. Menge für 4 Personen: Senf: 0,015 kg bedeutet: 15 g, das entspricht 1 gestrichenen Teelöffel voll. Gewürze/Senf/Salz sind teilweise in Gramm oder Ess-/Teelöffel (El/Tl) angegeben. Wie viel Gramm ein Teelöffel oder Esslöffel ist, findet ihr auf Seite 29 (Löffelwaage).

Essig	Hellen und dunklen Essig einkaufen (Weißwein- und Rotweinessig), mittlere Qualität wählen, nicht den billigigsten! Balsamicosorten sind meist milder. Ihr könnt auch einen guten Obstessig nehmen.
Fett **Fett sparen**	Zum Erhitzen eignet sich sehr gut Butaris, Margarine enthält unnötig viele Zusatzstoffe. Butaris könnt ihr heiß genug erhitzen, dass ihr auch Fleisch darin anbraten könnt (-> Fett-Spar-Tipps Seite 47). Fett niemals bis zum Rauchpunkt (wenn sich Rauch bildet) erhitzen, d.h. zum Andünsten nicht die höchste Stufe sondern maximal einemittlere Stufe wählen! Achtung bei offenem Feuer (Gasflamme) mit großer Fettmenge (z.B. beim Ausbacken/Frittieren) -> Gefahr eines Fettbrandes: **BRENNENDES FETT NIEMALS** mit **WASSER** löschen, **sondern ERSTICKEN** (Deckel drauf)! Sonst besteht Explosionsgefahr! In vielen Gerichten wird Fett verwendet, meistens beim Andünsten/Anbraten von Fleisch/Gemüse. Das Fett verhindert ein Anbrennen und dient als Geschmaksträger für die vielen fettlöslichen Aromen. Bei großen Mengen benötigt ihr im Verhältnis oft deutlich weniger Fett, meist geht es darum, dass der Topfboden leicht mit Fett bedeckt ist. Darin könnt ihr dann 3 oder 10 Zwiebeln andünsten. Fett sparen: Ist der Topfboden bereits erwärmt, verteilt sich das Fett leichter, ihr könnt es sparsamer einsetzen. Am wenigsten Fett benötigt ihr, wenn ihr es auf dem warmen Pfannen-/Topfboden mit einem Koch-Pinsel verteilt.
Fleisch	Ihr dürft es nur gut gekühlt aufbewahren. Laßt es euch beim Metzger vakuumieren. Wenn man es abwäscht, muß man es anschl. mit Küchenrollenpapier trockentupfen, damit es beim Anbraten im heißen Fett nicht spritzt. Hackfleisch enthält selbst viel Fett, da benötigt ihr zum Anbraten kein zusätzliches.
Käse/Wurst	Verwendet guten Käse, bei geriebenem Käse darauf achten, dass es echter Käse ist, kein Käseersatz/Käsezubereitung o.ä. Ist der Käse am Stück, hält er besser bis zum Lagerende, aber es wird auch mehr genommen, in Scheiben ist man sparsamer. Bestellt keinen Aufschnitt, sondern stellt Sorten zusammen, die jeder mag. z.B: Emmentaler, Bergkäse, Gauda, viele mögen auch einen Weichkäse, z.B. Camenbert oder Brie (am Lageranfang aufbrauchen, hält nicht lange).
Margarine	Praktisch aufs Brot, weil sie nicht davonläuft. Gesünder und besser schmeckend ist Butter (Kühlschrank).
Mehl	In normalen Rezepten ist mit Mehl immer Weizen-Weißmehl 450 gemeint. Da es viele Weizenunverträglichkeiten gibt, nehme ich immer Dinkelmehl 650. Natürlich könnt ihr auch mit Vollkornmehl experimentieren, das braucht oft etwas mehr Flüssigkeit.
Milch	Verwendet frische Vollmilch, 3,5 Fett. Oder noch besser: Holt sie jeden Morgen frisch von einem Bauern nahe am Lager. Ihr dürft die Rohmilch jedoch nicht ohne Erhitzen anbieten.
Öl	Für kalte Speisen wie Salate eignet sich gut kaltgepresstes Olivenöl oder Rapsöl (Erhitzen -> siehe Fett).

Preis	Schaut beim Einkauf immer auch auf den Preis der Lebensmittel, da saisonbedingt die Lebensmittel mal teurer, mal billiger sind. Das solltet ihr am besten schon beim Erstellen des Menüplanes bedenken. Nützt Kontakte in der Elternschaft, dann bekommt ihr z.B. die Äpfel direkt vom Bauern. Verwendet regionale Erzeuger, die Qualität ist meistens besser, und als Pfadis denkt ihr ja auch an die ökologischen Faktoren. Außerdem verwendet nur Lebensmittel guter -> Qualität
Qualität	Achtet auf eine gute Qualität beim Einkauf, kauft nicht nur das billigste Produkt. Gerade bei Öl und Essig gelingt euch damit viel leichter eine leckere Salatsoße, und als Gesamtmenge benötigt ihr nicht so viel, dass dies das Lager deutlich verteuern würde. Plant lieber ein paar einfache, günstige Essen ein (Milchreis, Spaghetti), und senkt so die Gesamtausgaben.
Scharf?	Würzt lieber milder, Kinder mögen es nicht so scharf und salzig. Verwendet Kräuter, gerne frische, nicht nur Salz und Pfeffer, mit Chili/Curry/Pfeffer nur sehr sparsam vorgehen. Pfeffer separat anbieten. Salz und andere Gewürze lassen sich im Nachhinein nur schwer abmildern, haruasnehmen, nachwürzen geht immer. Ihr Könnt Salz und Pfeffer bei der Essensausgabe anbieten.
Senf	Lieber milden Senf und etwas mehr verwenden. Für Kinder nie zu scharf würzen.
Wasser salzen	Salz immer erst zugeben, wenn das Wasser kocht (Nudeln), da es sont viel länger braucht.
Wurst	Auch bei der Wurst verwendet keinen Aufschnitt, sondern stellt selbst die Sorten zusammen, damit keine drin sind, die eh keiner mag. Beliebt sind z. B. Lyoner, Schinkenwurst, fein geschnittene Salami.
Zeitangaben	Unsere Rezepte sind fast alle ohne Zeitangaben, denn es macht einen Unterschied, für wie viele ihr kocht und ob der Küchendienst von jüngeren oder älteren Kindern gemacht wird. Ausführliche Beispiele findet ihr bei den Menüplänen. Fangt immer so früh wie möglich an, am besten nach dem vorigen Essen. Viel Zeit benötigt immer das Wasser Erhitzen, jeder Herd ist anders. Schaut am ersten Tag auf die Uhr. Im Zelt sollte der Gaskocher nie im Windzug stehen, sonst verlängert sich Zeit und Energieverbrauch.
Zitronenschale	Unbedingt nur unbehandelte Zitronen verwenden, auf Bioqualität achten.
Zoll	Kocht ihr für ein Lager, das im Ausland stattfindet, müsst ihr beim Einführen mitgebrachter Lebensmittel die jeweiligen Zollbestimmungen beachten. Ihr findet sie im Internet (Zoll) oder über die Botschaft. Am einfachsten nehmt ihr die Lebensmittel für die ersten Tage im Reisebus oder Begleitfahrzeug mit (vollständige Teilnehmerliste nicht vergessen!) und kauft im Reiseland in einem großen Supermarkt an der Strecke erst den Großteil ein (Preisunterschiede zu D. bachten/ manche Lebensmittel gibts evtl. nicht) Beispiel Schweiz: Es gibt für Ferienlager eine vereinfachte Regelung. Man darf auch bewilligungspflichtiges Fleisch mitnehmen. Das Formular ist beim Zoll per Mail erhältlich: "Anmeldung von Lebensm. für Ferienlager". Bei der Durchfahrt (Transit) nach Italien gibt es Bestimmungen, evtl. Kaution hinterlegen.

Gewürzbox (Grundausstattung)

Lieber mehrere Päckchen in haushaltsüblichen Packungsgrößen einkaufen, nicht kiloweise im Großmarkt. Streudosen sind praktischer zum Dosieren und hygienischer als offene Tütchen.

Große Haushalts-Dosen: (ø ca 100-150g)	Kräutermischung: Provence "Herbes de Provence" (Thymian, Rosmarin, Oregano, Majoran, Bohnenkraut, Lavendel), Kräutermischung Toskana (Basilikum, Rosmarin, Oregano, Thymian, Salbei) mehrere Streu-Dosen Kräutersalz (keine Tütchen, dann könnt ihrs auch auf die Tische oder bei der Essensausgabe bereitstellen)
Mittlere Streu-Dose: (ø ca 30- 50g)	Thymian, Majoran, Bohnenkraut Pfeffer schwarz und weiß, Muskat, Lorbeerblätter, Paprika edelsüß, Zimtpulver, Zimtstangen, Nelken,
Sonstiges (evtl. frisch) Je nach Speiseplan:	Petersilie, Schnittlauch,Basilikum, Currs, Kümmel, Dill, Curry, mild, Salbei, Chili, Kreuzkümmel, Anis, Ingwer Vanillestangen, Vanillezucker, Backpulver, Hefe.

Kochen mit Alkohol

Darf man auf Pfadilagern mit Alkohol kochen?
Alkohol verdampft entgegen alter Küchenweisheiten beim Kochen nicht vollständig. Es bleibt immer ein Restalkohol übrig (bei 30 Min. kochen noch 35% des Anfangsgehaltes). Sicher wird man nicht gleich zum Alkoholiker, wenn man eine mit Wein abgelöschte Sauce genießt. Dennoch solltet ihr bedenken:
Wenn ihr für Kinder bei einem Lager kocht oder Moslems zu euren Verköstigten zählen, ersetzt ihr den Wein durch Brühe, manchmal passt auch süßer Apfelsaft gut dazu.Viele Kinder mögen den Geschmack von Alkohol ohnehin nicht. Und Baden-Powell, der Gründer der weltweiten Pfadfinderbewegung, riet natürlich auch davon ab.

Hier handelt es sich aber um ein Kochen-Lern-Buch, auch für unerfahrene Köche, und speziell für Jugendgruppen und Zeltlager. Deswegen habe ich Euch aufgezeigt, wie ihr den Wein auch in klassischen Rezepten durch Brühe oder Apfelsaft ersetzen könnt. Dazu werden die entsprechenden Zutaten in Klammern und mit einem Hinweis auf diese Seite hier erwähnt.

Verwendet ihr Alkohol, sollte es nur in kleiner Menge sein und das Essen danach noch gekocht oder gebacken werden. Viele Lebensmittel enthalten übrigens geringe Alkoholmengen: Reife Bananen, viele Brotsorten aber auch Apfel- und Traubensaft.

Mengenangaben

Die Mengen variieren natürlich nach Teilnehmern/Programm: Am **ersten Abend, oft auch noch am ersten Tag** wird weniger gegessen, weil die Kinder noch Vesper von der Fahrt haben und das zwischendurch naschen. Zum Abendessen solltet ihr alle auffordern, ihre Vesperreste mitzubringen, sonst schimmeln sie im Rucksack vor sich hin ...
Ab dem dritten Tag pendeln sich die Mengen erfahrungsgemäß ein, ggf. die Mengen/zukünftige Einkaufslisten korrigieren.

Wölflinge essen weniger, ebenso wenn die Hälfte des Lagers **Mädchen** sind. Dann die Gesamtmengen lieber abrunden.
Bei Gruppenleiterschulungen, wenn alle Teilnehmer eher älter sind, müsst ihr aufrunden.
Ist das **Programm** bewegungsintensiv oder ihr seid immer draußen an der frischen Luft, regt das den Appetit an.
Beim Menüplan darauf achten, dass **Reste** ggf. einbezogen werden können (siehe Kapitel Menüplan).

Beim **Schöpfen/Ausgeben** darauf achten, dass vernünftige Gruppenleiter ausgeben: die Mengen nicht zu groß, lieber nachholen lassen (kleinere Schöpfkellen). Die ersten bekommen etwas kleinere Portionen, sie können ja nachholen; am Ende etwas mehr ausgeben, denn denen reichts oft nicht mehr zum Nachholen, außerdem seht ihr dann, wie die Mengen aufgehen.
Ist es allerdings einmal wirklich zu wenig, bricht leicht der "**Futterneid**" aus, und alle essen ab da mehr, weil sie Angst haben, zu wenig zu bekommen.

Frisches Brot wird mehr gegessen, ist es 3 Tage alt, essen sie oft etwas weniger. Reicht ihr Nutella dazu, benötigt ihr ebenso mehr Brot, als nur mit Marmelade.
Käse in Scheiben wird sparsamer verwendet als am Stück.
Saucen großzügig zubereiten, ggf. Reste als Suppe verwenden.

Lebensmittel, pro Person	Beilage, Vorspeise, Nachtisch	als/bei Hauptmahlzeit
Kakaopulver, instant	20 g	
Milch	0,2 l	0,2 l
Brot	50 g	100 g
Butter, Margarine (aufs Brot)	25 - 50 g	
Konfitüre	20-30 g	
Käse	25 g	50 g
Wurst	25 g	50 g
Haferflocken (Müsli)	10 - 20 g	
Teigwaren	80 g	120 g
Nudelsuppe	30 g	65 g
Reis	60 g	90 g
Getreide (Polenta, Grieß ...)	40-50 g	70-80 g
Kartoffeln	150 g	220 g
Kartoffelpüree	300	–
Pommes	200 g	400 g
Fleisch	50 g	80 g
Hülsenfrüchte	40 -50 g	–
Gemüse als Beilage	200 g	–
Gemüse für Eintopf	–	125 g
Suppe	250 ml	400-500 ml
Sauce	125 ml	200 ml
Salat 3-5 Personen	1 Kopf	–
Gurke 3 Personen	1 Stück	–
Milchreis	20-30 g	50-60 g
Obst	150 g	–

Löffelwaage - Messen ohne Waage

Wenn ihr keine Küchenwaage habt, helfen Euch die folgenden Löffelmaße und Stückgewichte:
Die Angaben für Löffel sind immer gestrichen, außer es ist anders angegeben. Tassen sind sehr unterschiedlich, ich gehe hier von einer mittleren mit 200 ml Volumen aus. TIPP: Messt Eure Schöpfkellen zu Lagerbeginn aus, damit könnt ihr auch gut abmessen!

Lebensmittel	**Teelöffel**	**Eßlöffel**	**Tasse**
Butter, Fett	7 g	15 g	–
Grieß, Haferflocken	3 g	10 g	115 g
Brühe	3 g	8 g	100 g
Honig	7 g	13 g	300 g
Joghurt	6 g	17 g	
Kaffee, gemahlen	0,5 g	4 g	60 g
Kakao	3 g	10 g	115 g
Marmelade	10 g	20 g	175 g
Mehl	3 g	10 g	140 g
Milch	5 ml	15 ml	200 g
Mondamin/Stärke	3 g	6 g	120 g
Nüsse	2 g	5 g	90 g
Puderzucker	3 g	10 g	110 g
Reis	5 g	12 g	165 g
Rosinen	–	–	100 g
Sahne	4 g	13 g	255 g
Salz	5 g	15 g	185 g
	1 Prise = 0,04 g / 1 Msp. = 0,25 g		
Senf	5 g	15 g	
Wasser	**5 ml**	**15 ml**	**200 ml**
Zucker	5 g	15 g	200 g

1/8 Liter entspricht 8 Eßlöffel oder einer kleinen Tasse oder 125 ml
100 ml entspricht 6 EL oder 0,1 Liter

Lebensmittel	**Stück/Scheibe**
Knäckebrot	8 g
Toastbrot	20 g
Brötchen	50-80 g
Mischbrot	50 g
Tomate	50 g
Zwiebel, mittelgroß	125 g
Zwiebeln 8 Stück	1 kg
Ei (Klasse 2, II)	66 g
Eigelb	30 g
Eiweiß	20 g
Apfel, mittelgroß	150 g
Apfelsine, mittelgroß	170 g
Banane	150 g
Karotte, mittelgroß	150 g
Tomate, mittelgroß	100 g
Paprika	160 g
Käsescheibe	30g
Wursträdchen	25 g
Kartoffeln 1 mittlere	120-150 g
15 kleine oder 6 große K.	1 kg
7 kleine oder 3 große K.	500g

Msp. = Messerspitze

2004 SSommerlager, Ochsenhausen | Foto: Peter

MENÜPLÄNE

für neue
und alte Hasen

2009 Sommerlager "Märchenwald", Bichishausen | Foto: Paul

Der Menüplan – L E K K A R

Er muss:

- auf das **L**agerprogramm abgestimmt sein

  Steht im Programm ein Geländespiel, das den ganzen Tag dauert, könnt ihr kein Mittagessen kochen, sondern müsst genügend Vesper für alle haben. Da die Kinder das mitnehmen sollten, müsst ihr genügend Verpackungsmöglichkeiten dabei haben: sprich Plastik- oder Papiertüten. Außerdem solltet ihr dann ein ausgiebiges Frühstück und Abendessen planen, damit die Kinder dann richtig essen können.

- **E**rschwinglich sein, in finanzieller Hinsicht

  will meinen, dass ihr nicht gerade Hummer und Kaviar einkauft. Das mag zwar manchen Leuten schmecken, aber ist nicht nur saisonbedingt teuer, sondern immer.
  Haltet euch also an die Durchschnittsnahrungsmittel, was nicht heißen soll, dass es nicht mal etwas besonderes geben darf.

- **K**östlich sein, es soll schmecken!

  Was damit gemeint ist, ist wohl klar! Achten solltet ihr bei eurem Menüplan aber auch darauf, dass ihr Lebensmittel zubereitet, die der Altersstufe schmecken. Z.B. könnt ihr auf einem Wölflingslager andere Sachen kochen als auf einer Gruppenleiterschulung.

- **K**ulinarisch ausgewogen sein

  Gemüse und Obst ist sehr gesund und belastet die Verdauung nicht so sehr. Deswegen ist es wichtig, dass es ausreichend davon gibt. Ihr könnt Gemüse in Form von Rohkost oder Salat zur normalen Mahlzeit anbieten. Auch zwischendurch ist eine Tomate oder ein Stück Gurke besser, als eine Scheibe Brot oder ein Stück Kuchen.
  Obst (Bananen, Äpfel, Beeren) kann in Form von Nachtische (z.B. Quark oder Obstsalat) oder auch roh serviert werden.
  Teigwaren, Reis und Kartoffeln sollten sich in eurem Menüplan als Kohlenhydrate abwechseln, damit es jeden Tag aufs Neue schmeckt.

- **A**usführbar sein

  Wenn du alleine in der Küche stehst, solltest du einfache Gerichte kochen, die nicht sehr viel Arbeit in Anspruch nehmen. Seid ihr hingegen mehrere Leute in der Küche, könnt ihr auch ausgefallenere, aufwändigere Essen kochen.

- **R**ichtig berechnet sein

  (Normalerweise rechnen wir mit 4 - 6 Euro pro Tag und Teilnehmer)

  Bei der Erstellung des Planes solltest du sorgfältig die Mengen berechnen. Zum einen ist es nicht nötig, viel zu viel Lebensmittel mitzuschleppen, zum anderen wird es irgendwann teuer. Dumm ist auch der umgekehrte Fall, dass auf dem Lager zu wenig da ist. Deshalb sorgfältig rechnen.

Dieser Text stammt aus den Unterlagen der Gruppenleitershulung des Pfadfinderbund Horizonte e.V.

Beispiel für ausführlichen Menüplan (Herbstlager 2004, Sedrun/CH)

Lager: **4 Tage Herbst-(Hütten-)lager, 135 Personen, mit Spülmaschine**
(Wechselndes Küchenteam mit weniger erfahrenen Köchen, jeder Tag ein anderer Küchenchef)

Vor dem Lager	Gibt es einen Bauern, bei dem ihr frische Milch vorbestellen/anliefern lassen könnt? Tägliche Menge ausrechnen und vorbestellen. Ebenso kann evtl. Brot vorbestellt werden. Wo kann während dem Lager eingekauft werden? Gibt es einen Feiertag während des Lagers? Öffnungszeiten der Geschäfte, Ausland?
Mit Lagerleitung	Programmablauf in Erfahrung bringen (bevor) der Menüplan aufgestellt wird. Wann muss es Lunchpakete geben? Ankunfts- / Abfahrtszeiten klären. Gibt es einen Tag ohne Küchendienst? Wie ist die Altersstruktur der Teilnehmer? Leiter - Wölflinge ... (Mengenplanung) Frühstücksdienst sollten die früh wach werdenden Wös haben, die auch viele Gruppenleiter dabei haben. Beim Pizzaessen sollte der Küchendienst älter sein, Bleche spülen, ... Besonders: Küchendienst am letzten Tag mit älterer Sippe (Endreinigung Küche). Wann braucht es einen Dschungeltee, gibt es besondere Gerichte zum Motto?
Mit Hüttenwart klären	Wie ist die Küche eingerichtet? Bräter? Steamer? Backofen? Gibt es genügend Müslireiben, große Töpfe, Kannen? Ggf. mitnehmen Genügend Küchenhandtücher, Spüllappen? Art der Kaffeemaschine: Bohnen oder Pulver? Entsprechend einkaufen! Was kostet eine Endreinigung durch Hauswart <->Wie ist Altersstruktur des Lagers?

2002 **Sola, Ruppertshofen** | Foto: Funkturm

Menüplan:	Mahlzeiten:	Gerichte:	Chef de cuisine:	Küchendienst:
Anreisetag	Abendessen	Nudelsuppe mit Backerbsen	Zigi	Wolfpfadfinder-Sippe
1. Tag	Frühstück	Brote		Meute Raschka
	Mittagessen	Maultaschen in der Brühe		Wolfspfadfinder-Sippe
	Abendessen	Kaiserschmarren		Jungpfadfinder-Sippe
2. Tag	Frühstück	Müsli und Brote	Anna	Meute Bundschuh
	Mittagessen	Spaghetti mit Tomatensauce		Jungpfadfinder-Sippe
	Abendessen	Pizza		Jungpfadfinder-Sippe
3. Tag	Frühstück	Müsli und Brote	Stubi	Meute Raschka
	Mittagessen	Reis mit Gemüsepfanne		Wolfpfadfinder-Sippe
	Abendessen	Älplermaccaroni		Pfadfinder-Sippe
4. Tag	Frühstück	Müsli und Brote	Zigi	Meute Bundschuh
	Mittagessen	Milchreis		Wolfpfadfinder-Sippe
	Abendessen	Schweinebraten		Wolfpfadfinder-Sippe
Abreise	Frühstück	Müsli und Brote	Zigi, Anna, Stubi	Meute Raschka
	Mittagessen	Lunchpakete		Pfadfinder-Sippe

1. Tag

Chef de cuisine:	**Zigi**	**Gerichte:**	**Maultaschen in der Brühe** **Kaiserschmarren**

Vorabend (Anreisetag):	Mit den anderen besprechen, wann wer was am Morgen fürs Frühstück macht.(Kaffe-/ Teewasser, Milch aufsetzen, Brot schneiden, Müsli, Küchendienst anleiten, Butter, Marmelade herrichten, evtl. auf Tellerchen portionieren, Milch an der Gondel/Bauer abholen) Haferflocken und Rosinen fürs Müsli einweichen. Küchendienst bekannt geben..
Nach dem Frühstück	Töpfe prüfen: In welche Töpfe passen ca. 60 l für die Gemüsebrühe? In welcheTöpfen passen ca 60 l für grünen und roten Tee? Teewasser aufsetzen. Spüldienst organisieren, anleiten, helfen.
1 Std. vor Mittagessen	Gemüsebrühe aufsetzen. Tische decken oder Tischedecken organisieren mit Küchendienst.
MITTAGESSEN	Essensausgabe anleiten
Nach dem Mittagessen	Spülen organisieren, evtl. helfen. Lebensmittel einräumen
Besprechen:	Wie sieht es mit Lebensmitteln aus? Brauchen wir etwas für morgen? Brot? Milch? Um wie viel Uhr kann Anna mit dem Küchendienst für den 2. Tag schon 1 Std. vorbereiten? (Zwiebeln schälen) Wer schlägt Eiweiß in welchen Schüsseln, wer rührt den Teig in welcher Schüssel? Wer öffnet die Dosen und leert das Kompott in welche Schüsseln? Wer bereitet die Rettungsbrote vor? Wie organisieren wir überhaupt die Essensausgabe (mit Lagerleitung absprechen).
2 Std. vor dem Essen	Teig herstellen und fertig kochen,
1/2 Std. vor Abendessen	Tische decken/Tischedecken organisieren (Küchendienst).
ABENDESSEN	Essensausgabe anleiten
Nach dem Abendessen	Tee überprüfen, evtl. noch mal machen. Wer hilft beim Spülen? Spülbecken putzen, ggf. Fußboden fegen und feucht wischen. Küchendienst für den nächsten Tag bekannt geben.
Stabübergabe:	Anna ist neuer Chef de cuisine!

2005 Hela Stamm EWP "Schweiz", Sedrun/CH | Fotos: And

2. Tag

Chef de cuisine:	**Anna**	**Gerichte:**	**Spaghetti mit Tomatensauce mit Salat** **Pizza**

Vorbereitung am Vortag	Der Tag beginnt schon am Nachmittag des vorigen Tages (siehe 1. Tag). Es ist bei so vielen Lagerteilnehmern sinnvoll, schon am Vortag einiges vorzubereiten: z.B. kann der Küchendienst schon die Zwiebeln schälen (noch nicht schneiden!), und in kaltes Wasser legen, Knoblauch auch schälen und in Wasser legen (nicht zu den Zwiebeln!). Die Äpfel fürs Frühstück können auch schon gewaschen werden.
Abend vorher	Mit der Küchenmannschaft besprechen, wer was beim Frühstück macht (s. 1. Abend) Haferflocken und Rosinen fürs Müsli einweichen. Küchendienst bekannt geben.
Nach dem Frühstück	Tee nachkochen? Spüldienst organisieren, anleiten, helfen. Wer macht was bis zum Mittagessen? Wann hat Stubi Zeit und Platz in der Küche, um mit dem Küchendienst ihr Gemüse/Salat (für 3. Tag)vorzubereiten? Planen: Welche Töpfe brauchen wir wann und für was?
2 Std. vor Mittagessen 1 Std. vor Mittagessen	Tomatensauce aufsetzen. Salatsauce herstellen. Spaghetti-Wasser aufsetzen
Küchendienst	Spülen, Zwiebeln schneiden (für den Salat ganz fein!), Knoblauch hacken, Salat waschen/putzen u.s.w. Kartoffeln für die Rösti waschen und am Nachmittag (da braucht ihr sonst keine Töpfe) kochen. Wenn die Kartoffeln gar sind, aus dem Wasser nehmen und kalt stellen.
1/2 Std. vor dem Essen	Tische decken oder Tischedecken organisieren mit Küchendienst.
MITTAGESSEN	Essensausgabe anleiten
Nach dem Mittagessen	Spülen organisieren, evtl. helfen. Nebenher alles für Pizzateig organisieren.
Besprechen	In wie vielen Portionen wollt ihr den Teig kneten? Wer hilft? Nach meiner Erfahrung lässt sich der Teig gut in 1 - 1,5 kg-Portionen bearbeiten (dazu je 1 W. Hefe, 1 KL Salz).
Küchendienst	Zutaten und Schüsseln bereitstellen, Teigzubereitung anleiten.
2 Std. vor dem Essen	Mit Pizza herstellen beginnen: Wie funktionieren die Öfen? Wie viel passt hinein? Müsst ihr einmal oder zweimal backen? Also 1 Std. resp. 1/2 Std. vor Essen mit Backen beginnen (plus 1/4 Std. Vorheizen)
1/2 Std. vor Abendessen	Tische decken oder Tischedecken organisieren mit Küchendienst.
ABENDESSEN	Essensausgabe anleiten
Nach dem Abendessen	Tee überprüfen, evtl. noch mal machen. Wer hilft beim Spülen? Spülbecken putzen, ggf. Fußboden fegen, wischen. Rosinen und Haferflocken einweichen, evtl. Äpfel waschen.
Besprechen:	Was muss noch eingekauft werden? Brot, Milch, Lebensmittel für übermorgen? (Lunch f. die Heimreise, mit Lagerleitung absprechen) Küchendienste absprechen.
Stabübergabe:	Stubi ist neuer Chef de cuisine!

2012 Stammesgroßfahrt Italien | Foto: Krabat

3. Tag

Chef de cuisine:	**Stubi**	**Gerichte:**	**Gemüsepfanne mit Reis und Jägersauce Älplermaccaroni**

Vorbereitung am Vortag	Am Tag vorher Küchendienst organisieren zum Gemüse waschen und putzen (nicht schneiden!), Zwiebeln schälen (nicht schneiden) und Knoblauch schälen. Zwiebeln und Knoblauch jeweils in ein eigenes Gefäß mit kaltem Wasser geben.
Abend vorher	Mit der Küchenmannschaft besprechen, wer was beim Frühstück macht (s. 1. Abend). Haferflocken und Rosinen fürs Müsli einweichen, Äpfel waschen.
Nach dem Frühstück	Tee nachkochen? Spüldienst organisieren, anleiten, helfen. Wer macht was bis zum Mittagessen? Planen: Welche Töpfe/Pfannen brauchen wir?
Küchendienst	Anleiten zum Gemüse, Zwiebeln und Knoblauch schneiden, Salat waschen und putzen. evtl. schon für 4. Tag vorbereiten. z.B. die bereits gekochten Kartoffeln schälen, dann zudecken. (könnt ihr auch am Nachmittag erst machen)
1,5 Std. vor Mittagessen 3/4 Std. vor Mittagessen	Reis und Gemüse aufsetzen. Salatsauce herstellen. Jägersauce herstellen.
1/2 Std. vor dem Essen	Tische decken oder Tischedecken organisieren mit Küchendienst.
MITTAGESSEN	Essensausgabe anleiten
Nach dem Mittagessen	Spülen organisieren, evtl. helfen. Falls noch nicht geschehen: Zwiebeln für 4. Tag schälen (nicht schneiden), in kaltes Wasser legen. Kartoffeln für Rösti schälen und wieder kühl stellen. Gemüse für den Braten waschen und putzen.
Besprechen:	Klären: Wer macht was beim Abendessen? Welche Töpfe brauchen wir?
2 Std. vor dem Essen 1,5 Std. vor Essen	Wasser für Maccaroni aufsetzen, anschließend Maccaroni kochen und fertig stellen. Dosen (Apfelmus) öffnen und in Schüsseln geben, Dosen gleich spülen.
1/2 Std. vor Abendessen	Tische decken/Tischedecken organisieren (Küchendienst).
ABENDESSEN	Essensausgabe anleiten
Nach dem Abendessen	Tee überprüfen, evtl. noch mal machen. Wer hilft beim Spülen? Hinterher Spülbecken putzen, ggf. den Fußboden fegen feucht wischen. Rosinen und Haferflocken einweichen, evtl. Äpfel waschen.
Besprechen:	Was muss noch eingekauft werden? Brot, Milch, Lebensmittel, Heimfahrt, Frühstück? Jetzt den 4. Tag besprechen: Vorräte/Reste überprüfen, evtl. Menüplan anpassen. Genau absprechen, was zu tun sein wird (schon an die Endreinigung denken) Wer macht morgen was? Küchendienst mit älteren Sipplingen einteilen für den letzten Tag.

4. Tag

Chef de cuisine:	**Alle: Zigi, Anna, Stubi**	**Gerichte:**	**Milchreis** **Schweinebraten mit Rösti**

Nach dem Frühstück	Tee nachkochen? Spüldienst organisieren, anleiten, helfen. Wer macht was bis zum Mittagessen? Planen: Welche Töpfe/Pfannen brauchen wir?
Küchendienst	Spülen, dann beim Programm teilnehmen
2,5 Std. vor Mittagessen 3/4 Std. vor Mittagessen	Milchreis aufsetzen. Restesuppe? Andere Resteverwertung? Dosen öffnen, Inhalt in Schüsseln geben, Dosen gleich spülen. Zimt und Zucker mischen.
1/2 Std. vor dem Essen	Tische decken oder Tischedecken organisieren mit Küchendienst. Brot schneiden. Käse und Wurst für die Rettungsbrote herrichten.
MITTAGESSEN	Essensausgabe anleiten
Nach dem Mittagessen	Spülen organisieren, evtl. helfen.
Besprechen:	Klären: Wer macht was beim Abendessen? Welche Töpfe brauchen wir?
Küchendienst	Zwiebeln schneiden. Gemüse für den Braten in Stücke schneiden, nicht zu klein! Kartoffeln mit der Kartoffelreibe reiben.
2 Std. vor dem Essen 1,5 Std. vor Essen	Braten aufsetzen. Mit Rösti anfangen.
1/2 Std. vor Abendessen	Tische decken oder Tischedecken organisieren mit Küchendienst.
ABENDESSEN	Essensausgabe anleiten
Nach dem Abendessen	Tee überprüfen, evtl. noch mal machen. Wer hilft beim Spülen? Besonders sauber spülen. Rosinen und Haferflocken einweichen, evtl. Äpfel waschen. Vielleicht schon jetzt den Herd putzen etc. ...
Besprechen:	Ablauf, Zuständigkeiten am Abreisetag besprechen. Wer macht wann was? Mit wem?

2007 DPV-Großlager EXPLORIS | Fotos: Floh

Küchen-Organisationsraster (Kopiervorlage)

Lagername:		Küchenchef/Team:	Datum:
Frühstück:		Küchendienst 1:	
Mittagessen:		Küchendienst 2:	
Abendessen:		Küchendienst 3:	

Zeit	Programm:	Küchenchef	Küchendienst	Wasserdienst
Vor Frühstück	Aufstehen Küche:			Teewasser aufsetzen
	Wecken	Müsli/Getränke anleiten,	Äpfel reiben	Spülwasser erhitzen
	Frühstück	Essensausgabe anleiten	Obst schneiden, pressen	Spülwas. in Wannen
	z.B. Geländespiel	Spülen/Geschirreinräumen anleiten Vorbereitungen fürs Mittagessen:	Tische putzen, Geschirr spülen, Wannen leeren, putzen Mithilfe: Tische decken	Tee überprüfen Spülwasser erhitzen
	Mittagessen	Essensausgabe anleiten		Spülwas. in Wannen
	Mittags-pause	Mit Lagerleitung besprechen im Küchenteam besprechen	Tische putzen, Geschirr spülen, Wannen leeren, putzen	Tee überprüfen
	Workshops	Spülen/Geschirreinräumen anleiten Vorbereitungen fürs Abendessen:	Mithilfe: Tische decken	Teewasser erhitzen? Spülwasser erhitzen
	Abendessen	Essensausgabe anleiten		Spülwas. in Wannen
	Pause	Spülen/Geschirreinräumen anleiten	Tische putzen, Geschirr spülen, Wannen leeren, putzen	Spülstelle aufräumen, Teewasser erhitzen?
	Singerunde	Haferflocken/Sultaninen einweichen		

Gab es Reste? Was war zu wenig, was zuviel? Wie können wir die Reste weiterverwerten?

Was fehlt und muss für morgen und übermorgen eingekauft werden? Gibt es einenProgrammpunkt, z.B. Workshop, der etwas aus der Küche oder gar die Küche als Raum benötigt???

2009 Sommerlager "Märchenwald", Bichishausen | Foto: Tabaluga

Menüplan für eine Woche Sommerzeltlager

Nicht vergessen:
- O Jeden Abend für den nächsten Tag Flocken und Sultaninen einweichen.
- O Einkaufsliste für den übernächsten Tag herstellen.
- O Während jedem Essen Spülwasser erhitzen!

Tag	Mahlzeit:	Gerichte:	Getränke:	Tipps für Küchenchef:	Küchendienst Aufgaben (zusätzlich zum Spülen)
Sa.	Bei Ankunft	Kuchen	Kaffe, Tee	Teewasser aufsetzen, Kaffe, kochen, Milch erhitzen, Küche einrichten	Kuchen aufschneiden Teebeutel zusammen knüpfen
	Abend	Nudelsuppe, Brot,	Tee	1 Std. vorher Suppe	Brot schneiden
Sonntag	Frühstück	Birchermüsli Brot, Butter, Marmelade, Schokoaufstrich	Tee, Kaffee, Kaba, Milch	Getränke aufsetzen, Müsli anleiten, Spülwasser veranlassen	Äpfel waschen, reiben, Obst schneiden evtl. Teebeutel zus. knüpfen
	Mittag	Salat Reis, Geschnetzeltes, Currysauce Joghurt	Früchte- & Kräutertee evtl. Wasser mit Sirup	Curry-, Salatsauce, Tee 11:00 Reis aufsetzen, anschl. Geschnetzeltes, dann Salat, Joghurtspeise Bohnensalat für Abendessen	Zwiebeln/Knobi schälen + schneiden, Teebeutel knüpfen, Salat putzen, waschen, schwingen Bohnen putzen
	Abend	Pellkartoffeln, Bohne- oder Wurstsalat, grünen Salat Brot, Butter, Käse, Wurst,	Tee	Alle Kartoffeln kochen, so dass ihr für die Rösti übrig habt. Salatsauce, Salat	Brot schneiden, Teebeutel knüpfen Käse, Wurst herrichten
Montag	Frühstück	Birchermüsli & Brot, Butter, Marmelade, Honig	Tee, Kaffee, Kaba, Milch	Getränke aufsetzen, Müsli anleiten, Spülwasser veranlassen	Äpfel waschen, reiben, Obst schneiden
	Mittag	Tomatensalat Kässpätzle Obstsalat	Früchte- & Kräutertee evtl. Wasser mit Sirup	Spätzlesteig zubereiten, stehen lassen, Salatsauce machen 11:00 Wasser aufsetzen, salzen, Spätzle machen	Zwiebeln schälen, schneiden, Tomaten putzen, waschen, schneiden, Obst waschen, schneiden ...
	Abend	Brot, Butter, Käse, Wurst, evtl. Maissuppe	Tee, evtl. Milch	Suppe 1,5 Std. vor Essen aufsetzen. Käse/Wurst herrichten	Brot schneiden, Teebeutel knüpfen

Tag	Mahlzeit:	Gerichte:	Getränke:	Tipps für Küchenchef:	Küchendienst Aufgaben (zusätzlich zum Spülen)
Dienstag	Frühstück	Birchermüsli & Brot, Butter, Marmelade, Honig Lunchbuffet	Tee, Kaffee, Kaba, Milch	Getränke aufsetzen, Eier für Lunch abkochen Müsli anleiten Spülwasser veranlassen	Äpfel waschen, reiben, Obst schneiden, evtl. Teebeutel knüpfen
	Mittag	Lunch: Brot, Karotten, Gurken, Paprika, Landjäger, Schokki, hartgekochte Eier, ... Reste	Früchte- & Kräutertee evtl. Wasser mit Sirup	Direkt nach Frühstück Lunchpakete herrichten. (an Vespertüten o.ä. denken)	
	Abend	Grüner Salat Spaghetti mit Tomatensauce, geriebener Käse Ananas	Früchte- & Kräutertee evtl. Wasser mit Sirup	1,5 Std. vorher Tomatensauce aufsetzen, Spaghettiwasser aufsetzen, salzen, Salatsauce machen, Ananas aufschneiden oder Dosen öffnen, anderes Obst	Zwiebeln/Knobi schälen + schneiden, Tomaten waschen, schneiden, Tomaten- dosen öffnen, Salat waschen, putzen, schneiden, schleudern Kartoffelwettschälen für Rösti am Mi.
Mittwoch	Frühstück	Birchermüsli & Brot, Butter, Marmelade, Honig	Tee, Kaffee, Kaba, Milch	Getränke aufsetzen, Müsli anleiten Spülwasser veranlassen	Äpfel waschen, reiben, Obst schneiden. evtl. Teebeutel knüpfen
	Mittag	Rösti, Bratwurst Gemischter Salat Nachspeise (was es übrig hat: Joghurt, Obstsalat oder mal nichts)	Früchte- & Kräutertee	Tee überprüfen Salatsauce herstellen ggf. Nachtisch anleiten ca 3/4 Std. vor Essen: Rösti machen parallel oder vorher Brat- würste (genug Bräter?)	Kartoffeln reiben, Salat (Paprika, Tomaten) waschen, put- zen, schneiden, Erbsen-/Maisdosen öffnen, in Sieb gießen, evtl. Nachspeise zubereiten evtl. Teebeutel knüpfen
	Abend	Milchreis, Kompott Rettungsbrote	Tee	2 Std. vorher: Milchreis aufsetzen	Dosen öffnen, Brot schneiden
Donnerstag	Frühstück	Birchermüsli & Brot, Butter, Marmelade, Honig Lunchbuffet	Tee, Kaffee, Kaba, Milch	Getränke aufsetzen, Müsli anleiten Spülwasser veranlassen	Äpfel waschen, reiben, Obst schneiden. evtl. Teebeutel knüpfen
	Mittag	Lunch: Brot, Karotten, Gurken, Paprika, Landjäger, Schokki, hartgekochte Eier, ... Reste	Früchte- & Kräutertee	Direkt nach Frühstück Lunchpakete herrichten Tüten, inkl. Tee! Küchenteam auch kurz Baden gehen!	Bade-Tag. Alle gehen ins Schwimmbad!
	Abend	Pizza	Tee	Teig 2 Std. vor Essen kneten auswellen & belegen, backen	Teig kneten, beim Belegen helfen

Freitag	Frühstück	Geröstete Haferlocken mit kalter Milch (genug vorbestellen) Brot, Butter, Marmelade,	Tee, Kaffee, Kaba, Milch	Getränke aufsetzen, Müsli anleiten Spülwasser veranlassen Haferflocken rösten	Haferflocken rösten evtl. Teebeutel knüpfen Pfannen putzen!
	Mittag	Salat Spätzle, Rotkraut Obst	Früchte- & Kräutertee evtl. Wasser mit Sirup	2 Std. vorher Spätzlewasser aufsetzen Salatsauce herstellen Rotkraut aufsetzen	Salat waschen, putzen, schneiden, schleudern, Kraut putzen, schneiden Obst waschen, Äpfel waschen f. Abendessen
	Abend	Apfelauflauf oder Bratäpfel Brot, Butter, Käse, Wurst, evtl. Marmelade Tschai/Dschungeltee	Tee, evtl. Milch	Auflauf aufsetzen, Käse, Wurst herrichten Dschungeltee kochen	Äpfel ausstechen, Brot schneiden
Samstag	Frühstück	Brot, Butter, Marmelade, Honig	Tee, Kaffee, Kaba, Milch	Getränke aufsetzen, Spülwasser veranlassen	evtl. Teebeutel knüpfen
	Mittag	Suppe, heiße Würste, Brot	Tee		
	Abend	Kaltes Buffet (Resteverwertung)	Tee, evtl. Milch	Mit Phantasie und Kreativität	Platten herrichten

2013 Pfingstlager, Langensteinbach | Foto: Blitz

2009 Sommerlager "Märchenwald", Bichishausen | Foto: Tabaluga

Anleitung zu den Rezepten

Die Auswahl der Rezepte beruht auf den guten und langjährigen Erfahrungen von Gisl auf vielen verschiedenen Pfadfinderlagern. So eignen sich also fast alle Rezepte auch dafür, dass sie in großen Mengen gekocht werden können.
Alle **Zutaten** sind im Buch einmal klassisch für 4 Personen angegeben und einmal zum Hochrechnen für 50 Personen. Nicht immer werden die Zahlen nur multipliziert, manchmal braucht es bei kleineren Gruppen im Verhältnis z.B. mehr Gewürze oder oder bei großen Gruppen weniger.
Alle **Zeitangaben** beziehen sich auf Mengen für mind. 50 Personen, denn da dauern Schnibbeln und Erhitzen deutlich länger, als für vier Personen zu Hause ...

Vor den Rezepten findet ihr zwei Beispiele von **Menüplänen** (Hüttenlager & Zeltlager). Darin seht ihr auch die **Arbeitsorganisation** sehr genau dargestellt (Aufgaben/Zeiten).
Den Schluss bilden ein paar Rezepte aus Gisl's "Hausküche", nach deren Rezepten sie auch schon oft gefragt wurde.
Bei der Essensplanung und Rezeptauswahl spielt sowohl die Erfahrung der Köche wie auch das Alter der zu bekochenden Gruppe eine Rolle, ebenso das Alter des helfenden Küchendienstes und natürlich die Ausstattung der Küche.
Um die Übersicht zu vereinfachen, leiten für die absoluten "Kochneulinge" daher einige Symbole zur Kennzeichnung durch die Rezeptseiten:

Hordentopf:	Einfaches Gericht, fahrtentauglich
Kothe:	Geeignet für Zelt(stand-)lager (Gaskocher, evtl. Bräter)
Wolfskopf:	Besonders beliebt bei jüngeren Kindern
Wolfstatze:	Für jungen Küchendienst geeignet – etwas zum "Schnibbeln"
Halstuch:	Aufwändiger oder anspruchsvoller zum Kochen
Euro:	Achtung, teure Zutat(en) enthalten
Haus:	Backofen oder spezielles Kücheninventar (z.B. Kühlschrank) notwendig

2009 Sommerlager "Märchenwald", Bichishausen | Fotos: Tabaluga

FRÜHSTÜCK

ein Müsli
als Vitaminpuffer
für den Tag!

2009 Sommerlager "Märchenwald", Bichishausen | Foto: Tabaluga

Birchermüsli

Zutaten

Birchermüsli	4 Personen	50 Personen
Einweichzeit	1 Nacht	1 Nacht
Zubereitungszeit (Min.)	15 Min.	45 Min.
Sultaninen (kg)	0,02	0,25
grobe Haferflocken (kg)	0,04	0,50
Quark (kg)	0,06	0,75
Joghurt (kg)	0,075	0,938
Sahne (l)	0,04	0,50
Zitronensaft (l)	0,006	0,075
Orangensaft (l)	0,012	0,150
Äpfel 1/2 p. P. (kg)	0,250	3,125
Bananen 1/4 p.P. (kg)	0,250	3,125
Beeren oder anderes Obst (kg)	0,125	1,563

Vorsicht, den Satft nach und nach zugeben, bei manchen Obstsorten braucht ihr weniger.

Bei knapper Lagerkasse kann die Sahne reduziert und bei vielen Laktose-Unverträglichkeiten der Teilnehmer kann MinusL-Sahne verwendet werden (in großen Supermärkten günstig erhältlich)

Elstar, Topaz, Rubinet sind gut geeignete Apfelsorten, weil sie saftig und leicht säuerlich sind.

Vorbereitung:
Am Abend vorher Sultaninen und Haferflocken in eine Schüssel geben und kaltes Wasser dazu, so dass alles gut bedeckt ist, zudecken und über Nacht einweichen lassen.
Falls Tiefkkühl-Beeren verwendet werden, diese in Zimmertemperatur stellen. Äpfel können am Vorabend gewaschen werden.

Arbeitsschritte Birchermüsli:

1. Äpfel von Stiel und Fliege befreien und mit der Bircherreibe um das Kerngehäuse herum reiben. (Die eine Hälfte der Äpfel grob, die andere fein.)
2. Geschälte, gescheibelte Bananen und evtl. anderes geschnittenes Obst dazugeben.
3. Zitronen- und Orangensaft abmessen und beigeben.
4. Milchprodukte mischen und mit den Haferflocken und Sultaninen unter das Obst mischen, gut durchrühren!

Tipps:

Zuerst Müsli austeilen, dann erst das Brot auf die Tische geben; so essen die Kinder mehr gesundes Müsli, Nutella auf jeden Fall erst danach!

Je nach Allergie-Kindern könnt ihr Portionen vorher herausnehmen (vor der Beigabe von Zitrusfrüchten bzw. vor den Milchprodukten ...)

Varianten/Beilage:
Als Obst passt: Pfirsiche, Nektarinen, Honigmelonen, Birnen, Erdbeeren, Himbeeren, im Winter geht auch eine Tiefkühlmischung, aber Vorsicht, diese sind manchmal sehr säuerlich oder übersüßt! Bei Orangen Vorsicht wegen Zitrusallergien.
Kiwis nicht verwenden (in Kombination mit Milchprodukten schmecken sie nach kurzer Zeit bitter).

Arme über Kreuz, Teig-Enden re/li fassen.

Arme auseinander, Teig kreuzt, ablegen.

Dann vorne/hinten kreuzen, dann re/li ...

Probiert nach den Bildern das Flechten, der Teig läßt sich auch mehrmals wieder zusammenkneten neu formen ...

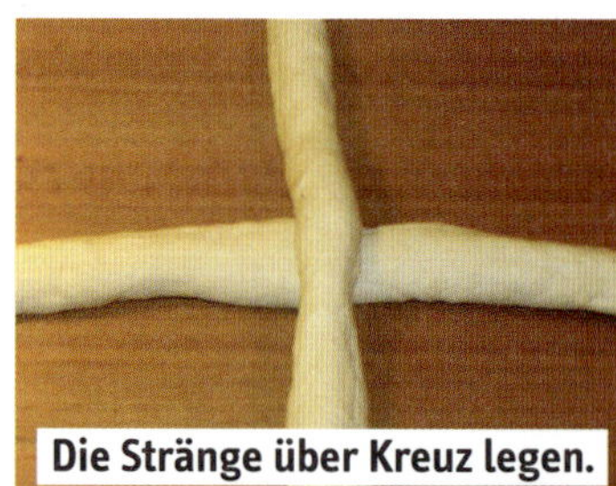

Die Stränge über Kreuz legen.

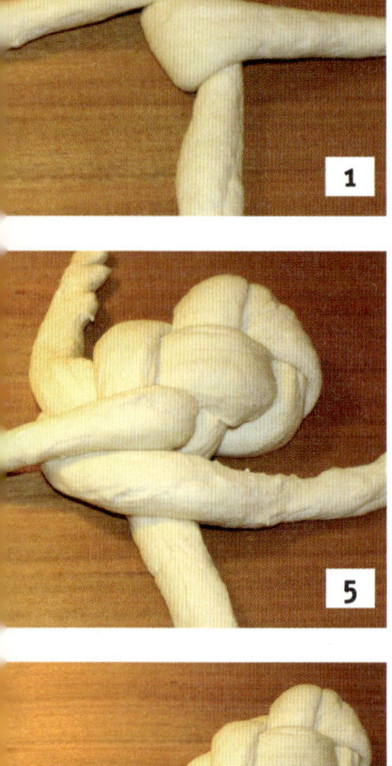

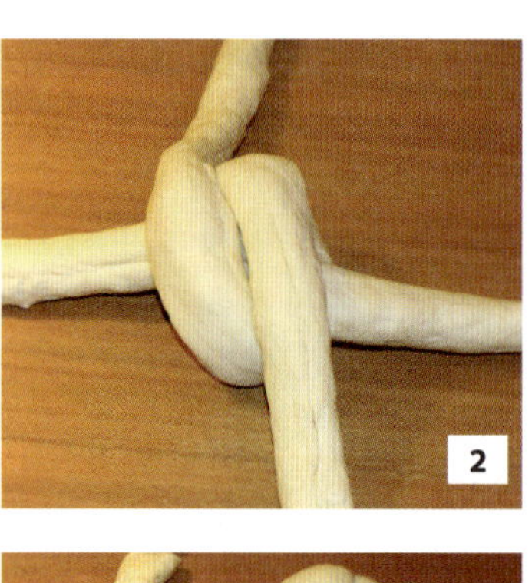

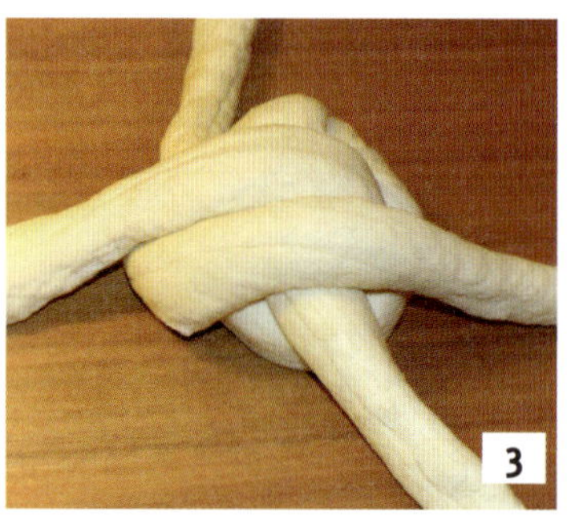

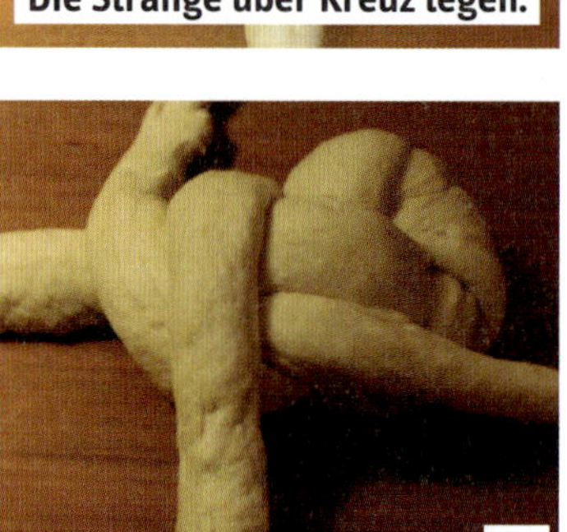

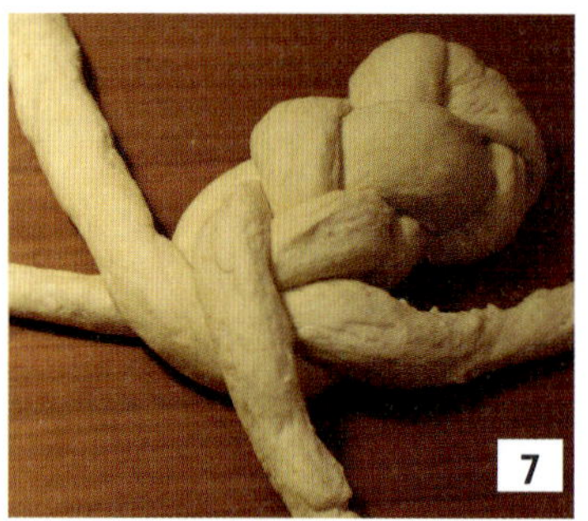

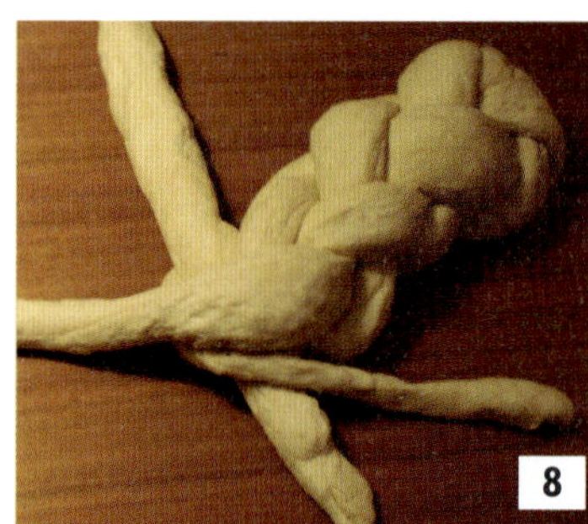

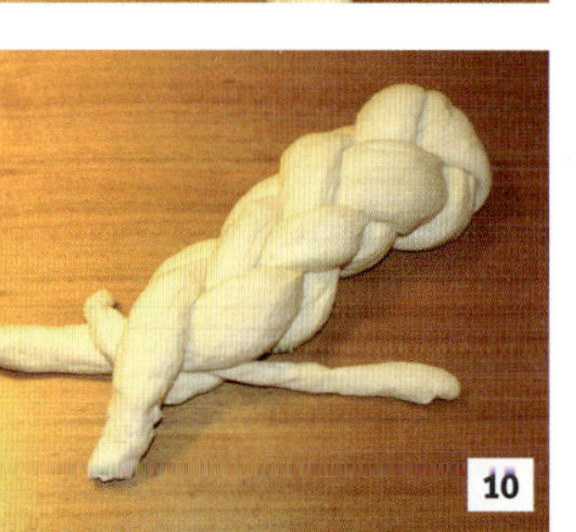

2013 **Herbstlager "Harry Potter", Elm/CH** | Fotos: Hexe

Zopfbrot oder Kleingebäck (nicht süß)

Die Zeitangaben für das folgende Kneten sind bei einer großer Menge relativ, je nachdem, wie viele und wie kräftige Kinder kneten ... Rechnet auf jeden Fall genug Zeit ein!

Zutaten

Hefezopf	4 Personen	50 Personen
Zubereitungszeit (Min.) mind.	30	60
Ruhezeit (gesamt)	75-90	75-90
Backzeit	50-60	50-60
Mehl (kg)	1	12,50
Salz, knappe (TL)	2	25
Butter (kg)	0,10	1,25
Zucker oder Honig (EL)	1	12,50
Würfel Hefe (Stck.)	1	12,50
Milch (l)	0,50	6,25
Ei zum Bestreichen	1	1

1 Würfel frischer Hefe (42g) entspricht
2 Päckchen Trockenhefe (9g).
Dieses Zopfbrot ist traditionell nicht süß und wird in der Schweiz genauso mit Käse/Wurst gegessen. Wenn ihr einen süßen Hefeteig wollt, nehmt ihr pro 1kg Mehl noch 100g Zucker dazu.

Vorbereitung Vorteig:

1. Frische Hefe in etwas lauwarmer Milch auflösen.
2. Prise Zucker, etwas Mehl hinzugeben.
3. 15 bis 20 Min. ruhen lassen. (Vorteig), bis er aufgegangen ist und sich etwa verdoppelt hat (Bei Trockenhefe nicht notwendig.) (Falls er zu lange steht und wieder zusammen fällt, macht es nichts).

Teig kneten, formen, backen.

4. Dann alle Zutaten dazu, mindestens 20 Min. kneten, bis der Teig geschmeidig ist. (Milch nach und nach zugeben, je nach Mehl braucht es weniger oder mehr.)
   Die Mengen sind ca-Angaben: ist der Teig zu feucht, etwas Mehl zugeben, ist er zu trocken, etwas Milch.
5. Zopf formen, siehe Bilder und Text
6. Zugedeckt 20-30 Min. gehen lassen.
7. In den **kalten Backofen** schieben, bei 180°C c. 40 bis 50 Min. backen. (Ober-/Unterhitze)

Tipps, wie ihr Hefeteig in großer Menge knetet findet ihr unter Hauptgerichten (->Hefeteig für Pizza, Stockbrot).

Arbeitsschritte Zopf formen:

1. Teig in 2 Hälften aufteilen (max. je 1/2 kg)
2. und dann jedes Stück zu einer gleichmäßig schönen, glatten Wurst ausrollen, die Mitte dicker lassen. (Man kann die Rolle auch auf die Arbeitsplatte schlagen, dann dünnt sie am Rand stärker aus und wird schön glatt. Das geht manchmal besser, als rollen).
3. Nach der Anleitungs die Stränge zügig kreuzen. Die Enden unten fest verstecken.
4. Ein Ei verquirrlen, etwas Salz oder Zucker, bei großer Menge noch etwas Milch beigeben, das Gebäck damit bestreichen (Dann glänzt es schön golden).
   Nach Belieben mit Mandelplättchen oder Hagelzucker bestreuen.

Varianten:
Natürlich könnt ihr jegliches Kleingebäck, wie Schnecken, Brezeln, Brötchen, Dampfnudeln etc. aus diesem Teig formen.
Mit Rosinen im Teig entstehen leckere Rosinenbrötchen. Fast jede Abwandlung des Teiges ist möglich.
Was auf einem Blech zusammen gebacken wird, sollte ähnlich dick sein. Kleine Teile benötigen kürzere Backzeiten.

2013 Sommerlager "Novitas", Donautal | Foto: Hexe

2003 Stammesgroßfahrt EWP "Olympia", Italien | Foto: Andi

Kaba, Kaffee, Tee

Zutaten

Kaffee kochen	4 Personen	50 Personen
Kaffeepulver	0,05	0,625

Warme Milch für Kaba und Kaffee

Milch (l)	1	12,5
Kabapulver	0,04	0,5

Tee kochen

Tee (kg)	0,01	0,11
Wasser	1	12,5

Den Tee könnt ihr gleich für den ganzen Tag auf Vorrat kochen und im Hahnentopf oder in Kannen bereitstellen.
Sorgt dafür, dass es immer genügend Getränke zur Verfügung hat, die Kinder sollen ausreichend trinken können. Das ist nicht nur im Sommer bei großer Hitze wichtig!

Im Schnitt rechnet ihr 3 kl. Teebeutel pro Liter. Manche Packungen haben Grammangaben oder größere Beutel. Im Zweifelsfall die Packungsangaben beachten. Kleine Beutel enthalten 2-3 Gramm.

Die Milchmenge für Kaba variiert je nach Alter der Teilnehmer. Ihr müsst meistens am zweiten Tag die Menge korrigieren und dementsprechend dann die Milch vorbestellen/einkaufen!

Schwarztee wirkt wie Kaffee anregend, wenn er 1 bis 3 Min. zieht, ab 10 Min. schmeckt er bitter.

Arbeitsschritte Kaffee kochen

Falls es einen Kaffeeautomaten gibt, nach dessen Anleitung. Bei einem Hüttenlager unbeding beim Hüttenwart vorher erfragen, wie Kaffee gekocht wird und ob ihr Bohnen oder gemahlenen Kaffee einkaufen müsst.

Wenn der Kaffe mit einem stehenden, offenen Filter gebrüht wird, sollten alle Kleinkinder aus der Küche! Es besteht Verbrennungsgefahr!

Filterkaffe:

1. Wasser zum Kochen bringen.
2. Papierfilter in Kaffefilter einlegen (kippsicher auf die Kaffekanne stellen).
3. Kochendes Wasser mit der Schöpfkelle vorsichtig in den Filter gießen, ablaufen lassen, nachgießen ...

Kaffeereste können gekühlt mit Milch und Kaba zu einem erfrischenden Getränk in der Gruppenleiterrunde angeboten werden.

Kaba solltet ihr in der Küche anrühren; steht das Pulver offen zur freien Verfügung, wird leicht verschwenderisch damit umgegangen und in den Tassen bleiben dicke Reste

Tee kochen:

1. Teebeutel zusammen knüpfen (immer 10 Stck.).
2. Wasser zum Kochen bringen.
3. Energiezufuhr aus stellen, Teebeutel ins Wasser geben und ja nach Sorte ziehen lassen. (Packung)

Kochend heißen Tee erst in der Küche abkühlen lassen, bevor ihr ihn in Kannen oder im Hahnentopf anbietet Es besteht auch hier Verbrennungsgefahr!

Varianten:
Wenn es heiß ist und ihr sauberes Trinkwasser aus einer festen Leitung (nicht Schlauch/Kanister) habt, könnt ihr auch einfach Wasser mit Zitronensaft anbieten, oder etwas Sirup in Wasser geben. Aber gebt acht, Gezuckertes zieht Wespen/Bienen an!

1985 Pfingstlager "Windrose", Bärentalhütte Schmiechen | Fotos: Irokese

Geröstete Haferflocken (ein Relikt aus alten PBSL-Zeiten)

Zutaten	4 Personen	50 Personen
Haferflocken		
Haferflocken, feine (kg)	0,30	3,75
Zucker (kg)	0,20	2,50
Butter/Margarine (g)	0,10	1,25
evtl. Honig, Nüsse, s.u.		
Milch (l)	1	12,50

Arbeitsschritte:

1. Haferflocken in der Pfanne (ohne Fett) leicht rösten.
2. Butter und Zucker dazugeben und weiter rösten, bis der Zucker karamellisiert ist. Nicht verbrennen!
3. Früh genug die Hitze ausschalten, oder in ein anderes Gefäß geben, denn die Flocken dunkeln sehr schnell noch nach.
3. Heiß ausgeben, dazu kalte Milch reichen (zischt schön) oder auf Wunsch auch warme Milch.

Gleich nach dem Ausgeben die Pfanne mit Wasser einweichen.

Sie schmecken übrigens auch kalt lecker.

Bastis Großfahrten-Müsli:

Für die **Großfahrt** könnt ihr so auch eine leckere Müslimischung zum Mitnehmen vorbereiten:
Mit Zimt und Honig geröstete Flocken, geriebene Haselnüsse, Mandeln (evtl. Kokusnuss) Rosinen, Cornflakes und eine entsprende Menge Vollmilchpulver sowie etwas Kabapulver vermischen und in Gefrierbeuteln lageweise die Gruppenportionen einpacken.
Besonders lecker ist es natürlich, wenn ihr auf Fahrt unterwegs gesammelte Himbeeren, Brombeeren oder anderes frisches Obst darunter mischt.
Für die Großfahrt müsst ihr die Mengen sicher erhöhen. Laufen mit Rucksack macht hungrig! Falls es noch Brot dazu gibt, könnten die Mengen reichen.
Die passende Milchpulvermenge entnehmt ihr der Packungsbeilage.

Varianten:
Wer möchte, kann auch mit dem Zucker noch etwas Honig dazu geben.

2006 In Gisèles Garten "Löwenzahn" | Foto: Peter

Löwenzahnhonig

Zutaten

Löwenzahnhonig	4 Personen	50 Personen
Löwenzahnblüten, Hände voll	3	37,50
Zucker (kg)	1	12,50
Wasser (l)	1	12,50
Saft /ger. Schale von ... Zitronen	1	12,50

Tipp:
Man kann auch Bienenhonig
mit Löwenzahnblüten aromatisieren :

Dann nehmt ihr nur Honig, kein Wasser, keinen Zucker, und lasst die Blüten im Honig zwei Wochen ziehen.
Gewürze wie Zimtstange, Nelke, Kardamon schmecken fein dazu.

Bei einer späteren Gruppenstunde:

Löwenzahnleckerle:

Honig mit Wahlnüssen zerstoßen,
oder gemahlenen Haselnüssen mischen,
auf ein Blech gießen,
erstarren lassen
und dann schneiden.

Vorbereitung:
Leere Schraub-Gläser sammeln, in die Gruppenstunde mitbringen lassen, heiß ausspülen.

Arbeitsschritte:

1. Frische Löwenzahnblüten sammeln.
   Wenn genug Zeit ist, grüne Kelchblätter abzupfen, dann die Blüten ins kalte Wasser geben.
2. Wasser einmal für 5 Min. aufkochen,
3. Flüßigkeit durch ein Sieb in einen Topf abgießen und mit Zucker und Zitrone einkochen bis zur Sirupdicke.
3. Heiß in Gläser abfüllen, gut zuschrauben.
   (Wenn ihr dabei ein feuchtes Handtuch unterlegt, reißt das Glas nicht)

Tipp: Intensiveres Aroma bekommt ihr, wenn ihr das Wasser mit den Blüten über Nacht stehen lasst.

Verwendung:
Der Löwenzahnhonig eignet sich zum Süßen von Tee und als Brotaufstrich.

2009 Sommerlager "Märchenwald", Bichishausen | Foto: Hexe

HAUPTGERICHTE

Unsere Rezepte sind fast alle **ohne Zeitangaben**, denn es macht einen Unterschied, für wie viele ihr kocht, welchen Herd ihr benützt und ob der Küchendienst von jüngeren oder älteren Kindern gemacht wird. Jüngere Kinder benötigen mehr Zeit, und ihr müsst es genauer zeigen.

Ausführliche Beispiele mit Zeitangaben findet ihr bei den Menüplänen hier im Buch.

Fangt immer so früh wie möglich an, am besten nach dem vorigen Essen. Viele Dinge können auch schon am Morgen oder auch am Vortag vorbereitet werden. Da große Mengen nicht so schnell auskühlen, macht es oft nichts, wenn das Essen etwas früher fertig ist. Ihr müsst nur daran denken, dass viele Speisen noch nachgaren, wenn sie warm stehen. Also den Reis und die Nudeln gut al dente kochen. Besprecht immer am Abend, wie der kommende Tag abläuft, wer was wann mit wem macht.

Viel Zeit benötigt immer das Wasser Erhitzen, jeder Herd ist aber anders (Gaskocher im Zelt, Herdplatten, Gastronomieherd, Feuer, ...) Schaut am ersten Tag auf die Uhr, wenn ihr den ersten großen Topf Teewasser erhitzt. Dann wisst ihr, wie lange euer Herd/Kocher in etwa braucht.

Gaskocher im Zelt sollten nie im Windzug stehen, sonst verlängern sich Zeit und Energieverbrauch.

dass niemand verhungern muss!

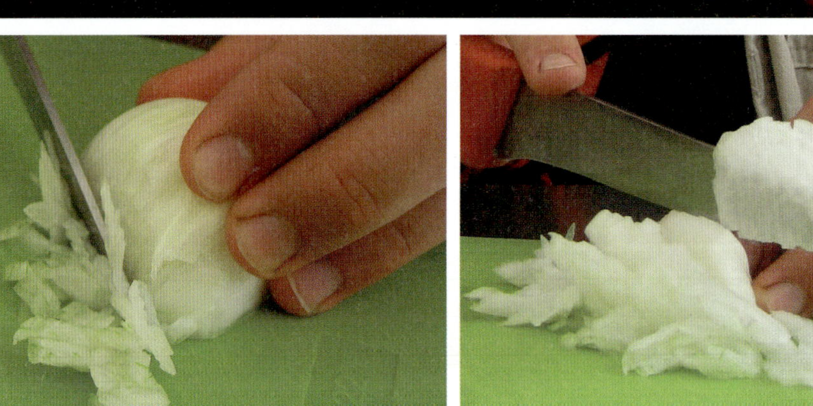

2013 **Sommerlager "Novitas", Donautal** | Fotos: Hexe

Rund um die Zwiebel

Scharfe Messer!

Es geht viel feiner mit einem scharfen Messer!
Ihr könnt zwei Küchenmesser gegeneinander wetzen, dann richten sich die Klingen auf und sie sind gleich schärfer (Klinge des zu schärfenden Messers über den Messerrücken des zweiten Messers schräg abziehen, in Schneiderichtung, beide Seiten mehrmals).

Würfel schneiden:

1. Die geschälte Zwiebel halbieren (mit Wuchsrichtung) von der Spitze zur Zwiebelwurzel.
2. Dann senkrechte, parallele Schnitte in gewünschtem Abstand, dass sie kurz vor der Zwiebelwurzel enden. (So hält die Zwiebel noch zusammen.) Große Zwiebeln evtl. 1 bis 2 mal quer einschneiden.
3. Dann quer dazu wieder senkrecht schneiden.

Ringe schneiden:

1. Von der ganzen, geschälten Zwiebel quer zur Wuchsrichtung Scheiben abschneiden.
2. Die Zwiebelringe vorsichtig auseinander drücken.

Unterschied zwischen anbraten oder dünsten?

Mit wenig Hitze *dünsten*, bis sie glasig sind (leicht durchsichtig, noch hell)
Bei mittel bis starker Hitze *anbraten*, bis sie bräunlich sind (evtl. mit einem Hauch Mehl bestäuben oder mit einer Prise Zucker karamellisieren).

Vorbereiten, Tränen verringern

Zwiebeln können am Vortag geschält werden.
Dann in kaltem Wasser aufbewahren.
Das Wasser mildert übrigens die Tränen beim Schneiden, ein nasses Brettchen hilft ebenfalls!
Nicht mit den Zwiebel-Fingern im Auge reiben!

Küchendienst anleiten:

1. Immer erst die Zwiebeln schälen,
2. dann die Brettchen säubern und den Abfall in den Kompost entsorgen, sonst rutschen leicht Schalenstücke in die geschnittenen Zwiebeln. Gilt auch für anderes Gemüse, Obst (z.B. beim Müsli!)
3. Dann die Zwiebeln klein schneiden (genau zeigen), evtl. Bretter nass machen, s.o.
4. Nach dem Zwiebelschneiden Brettchen sehr gut spülen, sonst schmecken die Bananen beim Frühstück noch nach Zwiebel!

Wie fein sollen sie sein?

Für Salate sollten die Zwiebeln sehr fein geschnitten werden (<1 mm: also Gruppenleiter oder jemand vom Küchenteam schneiden lassen).
Werden sie gekocht, reicht es in Saucen mittelfein, für Gulasch oder Gemüsepfannen können sie sogar etwas größer sein.

Einkauf

Es gibt verschiedene Zwiebelsorten:

- Fürs Lager kauft ihr meistens die mittleren oder großen, hellbraunen Gemüsezwiebeln.
- Rote Zwiebeln sind etwas milder im Geschmack, aber auch teurer, für den Hausgebrauch in kleinen Mengen sind sie jedoch eine Bereicherung.
- Schalotten sind teurer, aber wenn man einen Salat macht, der länger steht, z.B. Kartoffelsalat, eignen sie sich besser. Man kann sie 1 Tag stehen lassen. Mit ihnen könnt ihr morgens die Salatsauce auf Vorrat machen.
- Frühlingszwiebeln/Lauchzwiebeln halten im Kühlschrank max. 1 Woche, sie passen gut zum Salat oder in Suppen.

2008 Stammesgroßfahrt Italia – gemeinsames Lager mit Pfadis aus Partnerstadt Rivoli | Fotos: oben Krabat/ unten Magda

Pasta/Teigwaren kochen

Zutaten	4 Personen	50 Personen
z.B. Spaghetti		
Wasser (l)	4	50
Salz (kg)	0,02	0,25
Spaghetti (kg)	0,5	6,25
Buter/Margarine (kg)	0,02	0,25
geriebenen Käse (kg)	0,06	0,75

Tipps:
Nach dieser Anleitung könnt ihr alle Sorten von Teigwaren kochen.

Um Reste aufzuwärmen könnt ihr sie
- in der Pfanne anbraten,
- im Steamer aufwärmen (100°C/100%)
- als Suppe ausgeben
- mit Sauce in einer Auflaufform aufbacken

Bei großen Mengen nur knapp al dente kochen, denn diese garen noch nach, wenn sie warm stehen.

Evtl. in 2 Töpfen kochen, damit sie nicht überkochen und ausreichend Wasser haben, damit sie nicht kleben.

Vorbereitung:

Bei großen Gruppen je nach Herd ca. eine Std. vor dem Essen Wasser aufsetzen; möglichst große Töpfe verwenden, damit es nicht überkocht und sich die Teigwaren im Wasser bewegen können (sonst kleben sie zusammen).

Arbeitsschritte:

1. In das kochende Wasser 2/3 vom Salz beigeben und probieren, dann evtl. noch nachsalzen.
2. 1/4 Std. vor Essen: Teigwaren, z.B.: Spaghetti ins kochende Salzwasser, evtl. portionsweise, **al dente** (so dass ihr denkt, sie sind zum Essen noch etwas zu hart) kochen.
3. Wasser abgießen (Sieb, oder mit Topfdeckel-heiß!!!)
3. Spaghetti anrichten: d.h. Umfüllen in Ausgabeform, Butter/Margarine flöckchenweise darunter mischen. Geriebenen Käse am Tisch oder bei der Ausgabe bereitstellen.

Beilage:
Pasta könnt ihr als Hauptgericht mit einer Sauce einplanen (siehe Kapitel Saucen).
Wenn ihr Tagliatelle (Bandnudeln) als Beilage zu Fleisch und Gemüse einsetzt, benötigt ihr etwas weniger.

2009 Drei-Bünde-Lager "Avalon", Schwäbisch Hall | Fotos: Tabaluga

Älpler Maccaroni

Zutaten	4 Personen	50 Personen
Maccaroni/Hörnli		
Wasser (l)	4	50
Salz (kg)	0,02	0,25
Maccaroni (kg)	0,4	5
Zwiebeln (Stck = 1kg)	0,25	3,125
Margarine/Öl (kg/ l)	0,04	0,5
Sahne (od. halb Milch) (l)	0,3	3,75
geriebener Bergkäse (kg)	0,3	3,75
evtl. Salz und Pfeffer	0	0
Apfelmus (kg)	0,4	5

Vorbereitung:
Zwiebeln schälen und in kaltes Wasser legen (kann am Vortag geschehen). Ansonsten:
Geschälte Zwiebeln in eine Schüssel mit kaltem Wasser legen, allen Kompost wegräumen, Brettchen und Messer abspülen.
Dann erst Zwiebeln in kleine Würfel schneiden.

Das Wasser für die Maccaroni bei großen Mengen 2 Std. vor dem Essen aufsetzen, evtl. in 2 Töpfen, damit sie nicht zusammen kleben.

Arbeitsschritte Maccaroni kochen:
Siehe -> Teigwaren kochen. Kann schon 2 Std. vor dem Essen sein. Sehr knapp al dente kochen, sie garen in der Pfanne noch nach.

Weitere Arbeitsschritte:
Fett im Bräter erhitzen, Zwiebelwürfel glasig dünsten.
Die gedünsteten Zwiebeln in ein Gefäss geben.
Dann portionsweise fertig kochen:

1. Teil der Zwiebeln (1/3 od. 1/4 je nach Grösse des Bräters) zurück in den erhitzten Bräter geben,
2. Maccaroni dazu und gut durchrühren.
3. Dann abwechselnd Sahne und
4. Käse dazu geben.

Rühren bis alles schön heiß und der Käse flüssig ist.

Jetzt anrichten und in den warmen Backofen oder Steamer (Dampfgarer) stellen.
Die nächsten Portionen genau gleich verarbeiten.

Klassisch gehört zu den Älplermaccaroni Apfelmus.
Ihr könnt es aus der Dose nehmen oder aus Fallobst selbst kochen (-> siehe Desserts)
Die Älpler schmecken auch gut solo oder mit Salat.

Tipp:

Ihr könnt mit essen anfangen, bevor alle Portionen fertig sind.

1988 Pfingstlager "Kontakte", Ponderosa Waldenbuch | Fotos: Irokese

Spätzle mit Linsen und Saitenwürstle

Zutaten	4 Personen	50 Personen
Spätzle		
Fertigspätzle (kg)	0,6	7,5
Wasser (l)	2	25
Salz (kg)	0,02	0,25
Linsen		
Linsen (kg)	0,2	2,5
Lauch (kg)	0,1	1,25
Sellerie (kg)	0,1	1,25
Karotten (kg)	0,1	1,25
Gemüsebrühe (l)	0,75	9,375
Fett (kg)	0,01	0,125
Zwiebeln (kg)	0,125	1,5625
Mondamin (g)	0,01	0,125
Essig (l)		0
Pfeffer, Salz		

Arbeitsschritte Spätzle:

1. Wasser aufsetzen für die Spätzle.
2. Wenn es kocht, Salz und die Fertigspätzle ins Wasser geben, nach Grundanleitung Pasta al dente kochen.

-> Natürlich könnt ihr auch frische Spätzle herstellen (-> siehe nächste Seite, Kässpätzle)

Tipp:
Lieber mit wenig Essig abschmecken und bei der Essensausgabe den Essig für die anbieten, die die Linsen gerne sauer mögen ...

Vorbereitung:

1. Zwiebeln schälen (kann am Vortag geschehen).
2. Gemüse putzen.
3. Tische abwischen,
   Abfall in den Kompost, Brettchen säubern.
4. Dann Zwiebeln und Gemüse
   in feine Würfel schneiden.

Arbeitsschritte Linsen:

Parallel, bis das Spätzlewasser kocht,

1. Fett im Bräter erwärmen, nicht zu heiß, Zwiebelwürfel glasig dünsten.
2. Geputzten und klein geschnittenen Sellerie, Lauch und Karotten 5 Min. mit andünsten.
3. Linsen dazu geben, alles 3 Min. weiter dünsten.
4. Mit Wasser ablöschen, dann aufkochen
5. dann Herd klein stellen und mind. 30 bis 45 Min. köcheln lassen
   (große Mengen kühlen nicht so schnell aus, da könnt ihr den Herd ausschalten oder auf ganz klein stellen und die Linsen so ziehen lassen).
6. Jetzt Brühepulver beigeben, evtl. Essig (Salz immer erst später beigeben, sonst bleiben sie härter!)
7. Am Schluss Mondamin in etwas kaltem Wasser auflösen und unterruhren, jetzt fur 3 Min. kocheln lassen.
8. Mit Pfeffer, Salz abschmecken, evtl. Brühe.
   Essig beim Schöpfen anbieten.

Varianten:
Noch besser schmecken natürlich selbst gemachte, frische Spätzle. Das Rezept findet ihr gleich auf der nächsten Seite!

2008 Bundeslager "40 Jahre Pfadfinderbund Horizonte", Ravensburg | Fotos: Knorre

Kässpätzle

Zutaten	4 Personen	50 Personen
Spätzle		
Spätzlesmehl (kg)	0,50	6,25
Salz (g)	6	75
Eier (Stck.) (4 oder 5 Stck.)	4,00	50
Wasser (l)	0,20	2,5
Würziger Bergkäse, mind. (kg)	0,25	3,13
Zwiebeln		
Zwiebeln (Stck.) mind.	3	37,5
Butaris (kg)	0,006	0,07

Vorbereitung:

1. Zwiebeln schälen, in kaltes Wasser legen (kann am Vortag geschehen).
2. Wasser für die Spätzle 1 Std. vor dem Essen aufsetzen, evtl. in 2 Töpfen, wenn es kocht, 2/3 vom Salz und etwas Fett beigeben.

Arbeitsschritte Fertig-Spätzle kochen:

1. Spätzle ins kochende Salzwasser geben. (evtl. portionsweise oder in 2 Töpfen) Knapp al dente kochen (so dass ihr denkt, sie sind zum Essen noch etwas zu hart)
2. Aus dem Wasser nehmen und portionsweise abwechselnd mit dem Käse in eine Form füllen. Evtl. im Backofen warmhalten.

Wenn ihr Fertigspätzle nehmt, ist das Gericht auch fahrtentauglich, denn es geht auch in einem Topf.

Arbeitsschritte frische Spätzle:

1. Mehl mit Eiern, Wasser und Salz zu einem Teig rühren, so lange schlagen, bis er Blasen wirft und sich vom Rand der Schüssel löst (Wasser langsam beigeben, Festigkeit testen). Teig 30 Min. ruhen lassen.
2. Dann mit Spätzleshobel oder -presse den Teig in kochendes Salzwasser reiben/drücken, kurz aufkochen (dass sie oben schwimmen). Profis schneiden den Teig vom Brett!
3. Nun mit dem Schaumlöffel oder Sieb herausfischen und in eine große Form geben.
4. Käse darüber streuen. Jetzt die nächste Portion in gleicher Weise.

Arbeitsschritte Zwiebeln anbraten:

1. Zwiebeln in Ringe schneiden.
2. Fett in der Pfanne schmelzen, Zwiebeln dazu, so lange auf kleiner Flamme andünsten, bis sie hellbraun sind. Evtl. etwas Mehl darüber streuen, oder mit etwas Zucker karamellisieren.

Tipp:
Große Mengen in zwei Töpfen kochen, damit mehr Helfer parallel die Spätzle ins Wasser reiben können.
Wegen der Verbrennungsgefahr und der nötigen Kraft nur älteren Küchendienst machen lassen.

Beilage:
Die geschmelzten Zwiebeln sind ein Muss dazu, und ein grüner Salat macht es noch etwas frischer.

2013 Bundeslager, Langensteinbach | Fotos: Blitz

Reis

Zutaten

Reis	4 Personen	50 Personen
Öl od. Margarine (l/kg)	0,02	0,2
Zwiebeln (1kg = 8 Stck.)	0,12	1,5
Parboiled Reis (kg)*	0,3	3,75
Brühe (Weisswein**) (l)	0,1	1,25
Wasser (l)	0,6	7,5
Brühe (kg)	0,01	0,125

*80 g Reis pro Person

Bei großen Mengen (ab 50 Personen) können die Zwiebel- und die Fettmengen auch weiter um 1/4 reduziert werden.

*** Hinweis "Alkohol in der Küche", siehe Seite 27*

Vorbereitung:

Zwiebeln evtl. bereits am Vortag schälen und am Stück in kaltes Wasser legen.

Arbeitsschritte:

1. Geschälte Zwiebeln in kleine Würfel schneiden,
2. Fett in einem grossen (ca. 50l fassenden) Topf erhitzen (notfalls zwei kleinere Töpfe nehmen),
3. die geschnittenen Zwiebeln glasig andünsten (nicht braun werden lassen!).
   Reis dazu geben und gut umrühren, auch den Reis dünsten, bis er glasig (leicht durchsichtig) wird.
4. Angerührte Brühe (Wein*) dazu geben und wieder gut durchrühren, etwas ausdampfen lassen,
5. dann Wasser mit Brühe dazu geben, aufkochen und 5-15 Min. köcheln lassen.

Bei Mengen für mehr als 50 Personen nur 5-10 Minuten köcheln, anschließend ausquellen lassen.

Beilage:
Reis passt sehr gut zu Fleisch- und Pilzgerichten. Ihr solltet immer eine Sauce kochen. Mit Currysauce ist er sehr lecker!

2012 Stammesgroßfahrt "Ralien", Südtirol/IT | Fotos: Krabat

Risotto nach Mailänder oder Tessiner Art

Zutaten	4 Personen	50 Personen
Risotto Milanese		
Risottoreis (Arborio oder Carnaroli) (kg)	0,30	3,75
Butter (kg)	0,04	0,50
Brühepulver für ... Liter	1	12,50
Wasser	0,8	10,00
Brühe (Weißwein*)	0,2	2,50
Zwiebel/Schalotte (kg)	0,1	1,25
Parmesan	0,075	0,94
Risotto Ticinese		
Risottoreis, s.o. (kg)	0,30	3,75
Butter (kg)	0,04	0,50
Brühepulver für ... Liter	1	12,50
Wasser	0,6	7,50
Brühe (Rotwein)*	0,2	2,50
Zwiebel/Schalotte (kg)	0,1	1,25
Tomatenpüree (EL)	1	12,50
Parmesan oder Sprinz (kg)	0,05	0,63

*** Hinweis "Alkohol in der Küche", siehe Seite 27*

Beim Risotto Mailänder Art wird Weißwein genommen und der Reis durch Zugabe von Saftran gelb gefärt. Safran ist sehr teuer, es schmeckt auch ohne ihn lecker. Beim klassichen Risotto Tessiner Art wird Rotwein und Rindermark, teilweise Tomatenpüree verwendet.

Vorbereitung:

Zwiebeln evtl. bereits am Vortag schälen und am Stück in kaltes Wasser legen.
Brühepulver vor dem Kochen mit heißem Wasser anrühren.

Arbeitsschritte: [ca. 1 Std. vor dem Essen beginnen]

1. Geschälte Zwiebeln in kleine Würfel schneiden
2. Fett in einem grossen (ca. 50l fassenden) Topf erwärmen (notfalls zwei kleinere Töpfe nehmen)
3. und die geschnittenen Zwiebeln glasig andünsten (nicht braun werden lassen!)
   Reis dazu geben und gut umrühren, auch den Reis dünsten, bis er glasig wird.
4. Etwas von der angerührten Brühe (Wein*) dazu geben und wieder gut durchrühren, etwas ausdampfen lassen,
5. dann wieder etwas angerührte Brühe dazu geben, aufkochen und 5-15 Min. köcheln lassen, u.s.w.
   Bei Mengen für mehr als 50 Personen nur 5-10 Minuten köcheln, dann ausquellen lassen.
6. Den geriebenen Parmesan/Sprinz beigeben.

Tipp:
Die Brühe wird nach und nach während dem Kochvorgang zugegeben, es muss immer gut gerührt werden!

Richtiges Risotto ist sähmig, der Reis hat aber noch Biss.

Beilage/Varianten:
Als Hauptspeise mit Salat und einem leckeren Nachtisch, oder auch als Beilage zu Fleisch oder Fisch.
Variiert werden kann das Risotto durch verschiedene Beigaben: Getrocknete oder frische Pilze sind sehr lecker, manche mögen Speckwürfel, aber auch Gemüse, wie Erbsen ("Risibisi-Reis mit Erbsen"), Karottenstücke oder Spargelspitzen sind möglich.
Achtung: Oft essen Kinder Gemüse lieber getrennt.

2003 Stammesgroßfahrt Edelweißpiraten "Olympia", Italien | Fotos: Andi

Kartoffeln - Pellkartoffeln und Salzkartoffeln

Zutaten	4 Personen	50 Personen
Pellkartoffeln		
Kartoffeln (kg) (mehlige o. halbmehlige)	0,75	9,37
Salzkartoffeln		
(Salat-) Kartoffeln (kg)	0,75	9,37
Salz (kg)	0,025	0,3

Vorbereitung:
Kartoffeln konnen am Vortag gewaschen werden.

Arbeitsschritte Pellkartoffeln:

1. Früh genug Kartoffeln in einen großen Topf geben, kaltes Wasser dazu und erhitzen.
2. Wenn es kocht noch ca. 30 Min. weiter kochen lassen, (große Mengen brauchen recht lange!)
3. Mit einer Gabel in eine Kartoffel stechen und testen, ob sie gar (nicht mehr hart) sind. Ihr könnt auch eine herausnehmen und aufschneiden.
4. Wenn sie gar sind, das Wasser abgießen.

Beim Servieren auf genügend Gefäße achten,
in welche die Schalen abgelegt werden können.

Arbeitsschritte Salzkartoffeln:

1. Großen Topf mit Wasser aufsetzen.
2. Kartoffeln waschen, schälen und der Länge nach vierteln.
2. Wenn das Wasser kocht, Salz dazu geben und dann die geschnittenen Kartoffeln.
2. Nun 15 bis 20 Min. kochen, große Mengen brauchen auch mal länger. Unbedingt probieren:
3. Mit einer Gabel in eine Kartoffel stechen und testen, ob sie gar (nicht mehr hart) sind.
   Ihr könnt auch eine herausnehmen und aufschneiden.
4. Wenn sie gar sind, das Wasser abgießen.
   Achtung, Verbrennungsgefahr!
   Auch der Dapf kann sehr heiß sein.

Tipp:
Für Salzkartoffeln eignen sich am besten festkochende Salatkartoffeln, für Pellkartoffeln könnt ihr auch halbmehlige oder mehlige nehmen.

Achtet schon beim **Menüplan** darauf, dass ihr genügend Kartoffeln abkocht, dann könnt ihr 2 Tage später Rösti einplanen. Siehe folgende Seite.

Beilage:
Kräuterquark (Rezept siehe Salate) Je nach Jahreszeit unbedingt Wildkräuter-Sammeln in das Programm einbauen!

2008 Stammesgroßfahrt, Novalesa/Susa/IT | Foto: Kalapir
2006 Herbstlager, Sedrun/CH | Foto: Tassilo

2009 Sommerlager "Märchenwald", Bichishausen | Foto: Paul

Rösti

Zutaten	4 Personen	50 Personen
Rösti		
halbmehlige Kartoffeln (kg)	1	12,5
Fett (kg)	0,05	0,625
Salz (g)	4	50

Vorbereitung:
Kartoffeln mind. 1-2 Tage vorher in der Schale kochen und kalt stellen.

Achtung,
beim Zubereiten nicht gleich die ganze Fettmenge beigeben, festkochende Kartoffeln benötigen eher weniger Fett.

Tipps:
Wichtig ist vor allem:
- Kartoffeln 1-2 Tage vorher kochen.
- eine gute Pfanne (am Besten eine gusseiserne).
- Nicht zu viel Kartoffeln auf einmal in einer Pfanne, also.
- Die Pfanne lieber zu groß als zu klein wählen.
- Nicht zu viel umrühren, nur wenden.
- Die Herdplatte nicht zu heiß und nicht zu wenig heiß, jeder Herd ist anders, einfach ausprobieren ...

Arbeitsschritte:
1. Die gekochten Pellkartoffeln schälen.
   Dann die Schalen wegräumen.
   Nun die Kartoffeln durch die Röstireibe drücken.
2. Pfanne/Bräter erhitzen, dann das Fett schmelzen lassen, Kartoffeln portionsweise dazu geben,
3. Salz darüber streuen, alles gut mischen.
4. 1-2 Minuten stehen lassen, bis sie von unten leicht knusprig, goldbraun werden, dann vorsichtig wenden.
   Wenn das Ganze etwas trocken ausschaut ein paar Butterflöckli darüber geben.
   Wieder etwas stehen lassen, bis sie unten goldbraun werden und erneut vorischtig wenden.
   Wiederholen bis die Rösti gut ausschaut.
5. Im Steamer oder Backofen warm stellen, bis alle Portionen fertig sind.

Bei kleinen Mengen:
Zum Schluss kann man die Kartoffeln schön rund zusammenschieben, einen Teller umgekehrt darauf legen, bei kleiner Hitze einige Min. weiter braten und zum Anrichten als schönen, runden Fladen auf den Teller stürzen.

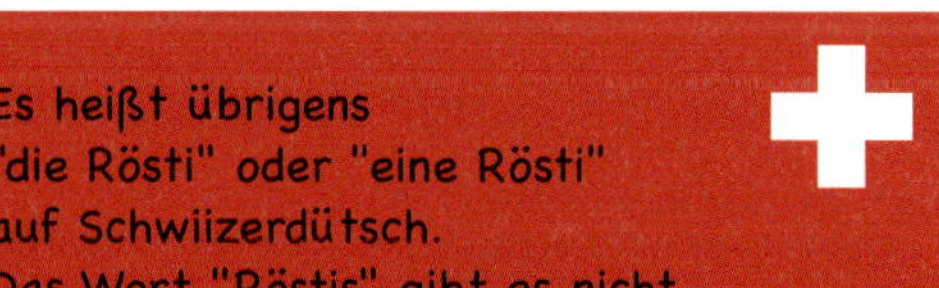

Varianten:
Für Rösti gibt es wohl so viele Rezepte wie Hausfrauen. Man kann z.B. Zwiebeln mitrösten oder Speck oder Schinkenstückli ...
Ihr könnt die Rösti einfach mit Käse und Salat servieren oder mit einem Fleischgericht, z.B. Zürcher Geschnetzeltes.

2006 Herbstlager, Sedrun/CH | Fotos: Tassilo

Kartoffelstock

Zutaten	4 Personen	50 Personen
Kartoffelstock		
mehlige Kartoffeln (kg)	1	12,5
Milch (l)	0,25	3,125
Salz (g)	1	12,5
Butter (kg), mindestens	0,002	0,025
Muskat zum Würzen		

Notfalls gehen auch halbmehlige Kartoffeln, besser sind mehlige.

Ich nehme gerne auch mehr als 500 g pro Person, denn ich verwende den Kartoffelstock gerne noch weiter.

Vorbereitung:

1. Kartoffeln wie Salzkartoffeln kochen.
   Parallel die Milch erwärmen.

Arbeitsschritte Kartoffelstock herstellen:

2. Fertige Kartoffeln abgießen.
3. Dann die heißen Kartoffeln entweder stampfen oder durchs Passe-vite (Flotte Lotte) oder in der Küchenmaschine mit dem Schneebesenaufsatz pürieren (nicht den Messereinsatz verwenden, sonst wird es klebrig)
4. Heiße Milch und die Butter dazu geben. Kurz rühren.
5. Mit Muskat und Salz abschmecken.
   (Muskat passt immer gut zu Kartoffeln.)

Tipps

Reste können mit etwas Ei und Mondamin vermischt zu feinen Kroketten gebacken werden (im Fett schwimmend oder in der Pfanne als Kartoffelplätzchen).
Mit der Spritztüte könnt ihr aus dieser Masse auch kleine Rosetten auf ein mit Backpapier belegtes Blech spritzen, (evtl. mit einer Eigelb-Wasser-Mischung noch bestreichen), das ergibt die sogenannten **Herzogin-Kartoffeln**.
Sie werden ca. 10 bis 20 Min. bei 180°C gebacken.

Passende Gerichte:
Der Kartoffelstock schmeckt zu jeder Art von Gemüse, ein Fleisch mit Sauce ist auch sehr lecker.

2009 Sommerlager "Märchenwald", Bichishausen | Fotos: oben Tabaluga, unten Hexe

Zürcher Geschnetzeltes

Zutaten	4 Personen	50 Personen
Geschnetzeltes		
Fett (Margarine, Öl) (kg,l)	0,015	0,10
Fleisch (Kalb oder Rind oder Schwein oder Geflügel) kg	0,4	5
Zwiebeln (kg)	0,06	0,75
Brühe (Weißwein*) (l)	0,04	0,5
Wasser (l)	0,2	2,5
Milch (l)	0,1	1,25
Mondamin (gr)	5	62,5
Sahne (l)	0,1	1,25
Crème fraiche oder saure Sahne l	0,05	0,625

*Hinweis "Alkohol in der Küche", siehe Seite 27

Echtes Züricher Geschnetzeltes ist mit Kalbfleisch, es darf aber höchstens 3 Min. köcheln, sonst wird das Fleisch zäh.

Aber mann kann es auch mit den oben genannten Fleischsorten machen, dann kann es auch länger kochen, ohne dass etwas passiert. (Putengeschnetzeltes verkaufen manche Metzger wegen Salmonellengefahr nicht mehr an Zeltlagerküchen.)

Vorbereitung:
Zwiebeln am Vortag schälen
und am Stück in kaltes Wasser legen.

Arbeitsschritte:

1. Zwiebeln fein schneiden.
2. Fett in die Pfanne geben und erhitzen, die geschnittenen Zwiebeln darin glasig andünsten. (Herd nicht zu heiß) Dann die Zwiebeln heraus nehmen, beiseite stellen.
3. Erneut Fett in die Pfanne geben, ganz heiß werden lassen, das Fleisch von allen Seiten kurz anbraten.
4. Dann mit Brühe (Weißwein*) ablöschen.
5. Nun die gedünsteten Zwiebeln dazugeben.
6. Mondamin in etwas kaltem Wasser auflösen und beigeben. Gut verrühren, 3 Minuten köcheln lassen.
7. Dann Sahne, Crème fraîche oder Sauerrahm dazu. Mit Pfeffer und Salz abschmecken.

Beilagen:
Zum Geschnetzelten passt klassischer Weise Rösti, ihr könnt aber auch Reis dazu anbieten. Ein Salat sollte nicht fehlen.

2000 Bundeslager "Edoras", Bichishausen | Fotos: Andi

Gulasch

Zutaten	4 Personen	50 Personen
Gulasch		
Rindfleisch in Stücken (kg)	1	12,5
Knoblauch (Zehen)	1	12,5
Öl/Margarine (kg/l)	0,02	0,25
Zwiebeln (kg)	1	12,5
Brühe (l)	1	12,5
Tomatenmark (g), 3-fach konz.	0,02	0,2
getrockn. Majoran (Tl)	1	10
Mondamin (kg)	0,01	0,125
evtl. Lorbeerblätter (Stck.)	1	2
Pfeffer, Paprika (g)	5	60
evtl. Kurkuma		
Sahne (l)	0,04	0,43

Vorbereitung:
Zwiebeln am Vortag schälen und ganz in kaltes Wasser legen.

Arbeitsschritte:

1. Knoblauch und falls noch nicht geschehen, die Zwiebeln schälen. Abfall wegräumen, Brettchen putzen.
2. Zwiebeln klein schneiden und Knoblauch fein hacken oder durch die Presse drücken.
3. Fleischwürfel in heißem Fett anbraten.
4. Hitze reduzieren, Zwiebeln und Knoblauch dazu.
5. Rotwein beigeben, aufkochen und etwas eindünsten lassen.
6. Dosentomaten, Brühe und Kräuter dazugeben. Eine Stunde leise köcheln lassen.
7. Wasser mit Mondamin anrühren und in die Sauce einrühren, zum Kochen bringen. Unter gelegentlichem Rühren mindestens 3 Minuten fertig kochen.

Beilage:
Zum Gulasch könnt ihr Kartoffeln kochen (Kartoffelpüree ist auch sehr lecker dazu, siehe Seite 55) oder es mit etwas mehr Brühe als Suppe verlängern und Brot dazu reichen. Mit dem Gulasch könnt ihr auch klein geschnittenes Gemüse (wie bei den Linsen) mitkochen. Nicht vergessen: an eine Alternative für Vegis denken!

2005 Besuch aus der Partnerstadt Rivoli zu Besuch in RV | Foto: Peter

Schweinefilet im Speckmantel

Zutaten	4 Personen	50 Personen
Schweinelendchen		
Schweinefilet, Lendchen (Stck.)	1	12,5
geräucherten, dünn aufgeschn. Bauchspeck (kg)	0,1	1,25
Salbeiblätter (Stck.)	15	187
Fett (EL)	2	25
etwas Senf	2	25

2013 Mittagessen bei Gisèle, Weingarten | Foto: Kathy

Arbeitsschritte:

1. Die Speckscheiben auf einem Brett so anordnen, dass sie versetzt nebeneinander liegen, siehe Zeichnung.
2. Die Mitte des so entstandenen Speckstreifens mit Salbeiblättern belegen.
3. Das Lendchen mit Senf einreiben, dann auf die Speckstreifen legen.
4. Mit Salbeiblättern belegen und die Speckstreifen darüber klappen (evtl. mit Zahnstochern befestigen).
5. Kühl stellen.
6. 45 Minuten vor dem Essen in einer (Eisen) Pfanne das Fett heiß werden lassen und das Filet bei mittlerer bis kleiner Hitze folgerndermaßen rundum anbraten:
   Ins Fett legen, 10 Minuten braten,
   um 1/3 wenden, wieder 10 Minuten braten
   und nochmals wenden und 10 Minuten braten.

Das Fleisch aus der Pfanne nehmen und in Alufolie wickeln. Gut einpacken! 10 -20 Minuten ruhen lassen. Mit dem Fond evt. eine Sauce herstellen (siehe Kapitel Saucen).

Tipp:
Das fertige, kalte Filet kann auch schön dünn aufgeschnitten auf einem kalten Buffet serviert werden.

Beilage:
Mit Kartoffeln und Gemüse wird daraus schnell ein leckeres Menü oder mann reicht es zu einer Salatplatte.

Bild linke Seite, Mitte **1982 Sommerlager bei Erlenmoss** | Fotos: Irokese

1982 Pfingstlager im Pfaffental

Schweinebraten

Zutaten

Braten	4 Personen	50 Personen
Schweinehals (kg)	0,6	7,5
Fett (kg)	0,01	0,12
Brühe (Weißwein*) (l)	0,05	0,625
Salz (kg)	0,01	0,125
getrocknete Kräuter (g)	4	50
Wasser (l)	0,2	2,5
Karotten (1 Stck=60g)(kg)	0,06	0,75
Sellerie	0,03	0,375
Zwiebeln (kg)	0,1	1,25
Lorbeerblätter (Stck.)	0,2	2,5
Nelken (Stck.)	0,2	2,5

**Hinweis "Alkohol in der Küche", siehe Seite 27*

Arbeitsschritte Soße aus Bratenfond:
Während der Braten ruht, Gemüse und Gewürze durch die Passe-vite (Flotte Lotte) oder ein Sieb passieren oder mit dem Zauberstab pürieren, mit etwas Mondamin abbinden, 3 Min. köcheln lassen (unter rühren), mit Sahne verfeinern und Pfeffer und Salz abschmecken.

Vorbereitung:
Zwiebeln (evtl. am Vortag) schälen und am Stück in kaltes Wasser legen.

Arbeitsschritte:

1. Gemüse waschen, putzen, ggf. Zwiebeln schälen. Abfall wegräumen, Brettchen putzen.
2. Gemüse grob schneiden, Zwiebeln fein.
3. Fett im Bräter erhitzen, den Braten im Fett von allen Seiten anbraten.
4. Mit Brühe (Weißwein*) ablöschen, Flüssigkeit etwas verdampfen lassen.
5. Geputztes und grob geschnittenes Gemüse dazugeben. Salz darüber streuen und Wasser beigeben.
6. Auf kleinem Feuer etwa 1 Std. köcheln lassen (mit geschlossenem Deckel).
7. Eine halbe Stunde vor dem Essen das Feuer ausmachen.

Wenn der Bräter groß genug ist, und einen Deckel hat, könnt ihr genau so verfahren. Wenn nicht, dann legt ihr den angebratenen Braten in eine Bratpfanne mit Deckel, die in den Ofen passt (keine Plastikgriffe) und schiebt das Ganze in den Ofen. (120-150°C/100 bis 120 Min.)

8. Der fertige Braten soll eine viertel bis halbe Stunde ruhen, dann könnt ihr ihn aufschneiden und servieren.

Beilage:
Gemüse und Kartoffeln oder Reis passen sehr gut dazu oder Spätzle mit Soße aus dem Bratenfond.

1988 Gruppenleiterschulung Bärentalhütte / Schmiechen | Fotos: Boffel

Polenta

Zutaten

Polenta	4 Personen	50 Personen
Gemüsebrühe für ... Liter (l)	1	12,5
Wasser (l)	1	
Maisgrieß, grob oder fein (kg)	0,3	3,75
Butter (kg)	0,02	0,25
geriebener Käse (kg)	0,1	1,25

Arbeitsschritte:

1. Wasser aufkochen
2. Topf vom Herd nehmen und Maisgrieß einrühren.
3. 10 Min. köcheln lassen, Brühe beigebn.
4. Kurz vor dem Servieren 1 Stück kalte Butter unterrühren.
5. geriebenen Käse dazu geben.
   (entweder am Tisch bereit stellen oder am Ausgabebuffet, das ist sparsamer).

Resteverwertung:
Wenn Ihr Polenta übrig habt, könnt ihr sie noch heiß auf einem mit kaltem Wasser befeuchteten Backblech ca. 1 cm dick ausstreichen und abkühlen lassen.
Dann wird sie fest und ihr könnt sie in Scheiben schneiden (evtl. in Ei wenden) und anbraten (Maisplätzli).

Oder ihr legt die Maisplätzli in eine Auflaufform, gebt Tomatensauce darüber, steckt ein paar Oliven dazwischen und streut geriebenen Käse darüber.
Dann ab in den Backofen, bis der Käse geschmolzen ist.

Reste kann man gut anbraten, oder klein schneiden und anbraten.

Zum gebratenen Mais passen auch süße Sachen (Kompott, Obstsalat) oder salzige (verschiedene Salate).

Beilage:
Tomatensauce oder Pilzsauce passen sehr gut zur Polenta, ebenso Ratatouille oder verschiedene andere Gemüse sowie Salat.

2008 **Bundeslager "40 Jahre Pfadfinderbund Horizonte", Ravensburg** | Fotos: Knorre

Maiskolben

Zutaten

	4 Personen	50 Personen
Maiskolben		
Wasser (l)	2	25
Salz (EL)	1	12,5
Zucker (Kl)	1	12,5
Maiskolben	4	50

Arbeitsschritte:

1. Wasser zum Kochen bringen,
2. Salz, Zucker und frische Maiskolben beigeben, dann ca. 5 Min. köcheln lassen.
3. Wenn die Körner dunkelgelb geworden sind, kann man die Kolben herausnehmen.

Wer die Kalorien nicht scheut,
kann noch etwas heiße Butter darüber geben,
oder Kräuterbutter dazu reichen.
Kräutersalz schmeckt auch lecker.

Tipp:

Man kann sie auch mit Butter und Salz in Alufolie einwickeln und 15–20 Min auf den Grill oder an die Glut legen, regelmäßig wenden.

Beilage:
Die benötigte Menge hängt sehr davon ab, ob es eine Beilage zum Fleisch ist oder alleiniger Hauptgang.
Man kann sie als Würstchenalternative für Vegis geben.

2013 Bundeslager, Langensteinbach | Foto: Floh

Chili sin Carne (ohne Fleisch)

Zutaten

	4 Personen	50 Personen
Chili		
Porree (kg)	0,06	0,75
Petersilienwurzel (kg)	0,04	0,5
Karotten (kg)	0,1	1,25
Zwiebeln (kg)	0,09	1,12
Knollensellerie (kg)	0,06	0,75
Knoblauch (Stck.)	0,2	2,5
Kidneybohnen Dose kg/EW (Einwaage)	0,3	3,75
Pizzatomaten D. (kg/EW)	0,3	3,75
Maiskörner, Dose (kg/EW)	0,2	2,5
Olivenöl (l)	0,02	0,25
Kreuzkümmel, gemahl. (g)	4	50
Koriander, gemahlen (g)	2	25
Zucker (kg)	0,001	0,012
Paprikapulver (g)	4	50
Majoran, getrocknet (g)	1	12,5
Lorbeerblätter, Stck. (g)	1	2,5
Tomatenmark (kg)	0,015	0,18
Gemüsebrühepulver für ... Liter	0,50	6,25
Wasser (l)	0,50	6,25
Tomaten	0,14	1,75
unbehand. Limette (Stck)	1	12,5
Schafskäse (kg)	0,175	2,18
Pul Biber / Sambal Oelek		
Pfeffer, Salz		
Fladenbrot, fertig gekauft	1	12,5

Arbeitsschritte:

1. Alles Gemüse putzen. Zwiebel/Knoblauch schälen. Abfall in den Kompost geben, Tische putzen, Brettchen säubern.
2. erst jetzt Gemüse/Knoblauch und Zwiebeln klein schneiden.
3. Öl erwärmen und Zwiebeln glasig andünsten.
4. Gemüse/Knoblauch dazugeben.
5. Bohnen und Gewürze beigeben und köcheln lassen. Nicht zu scharf würzen, Kinder mögen nicht gerne scharf.
6. Während alles kocht, den Käse in Würfel schneiden und die Fladenbrote vierteln.
7. Probieren und abschmecken.
8. Schafskäse in Würfel geschnitten in einer Schale beim Ausgeben anbieten und Fladenbrote dazu reichen. (Evtl. Gewürze bereitstellen, falls jemand das Gericht schärfer möchte ...)

Beilage:
Fladenbrote oder Pellkartoffeln passen gut dazu, aber auch Reis eignet sich. Ihr könnt auch Stockbrote backen.
Wer unbedingt Fleisch benötigt, kann mt einem Gulasch ergänzen.

1989 **Skilager Vercorin/CH** | Fotos: Funkturm

1997 **EWP-Schwedengroßfahrt** | Fotos: Hexe

Hefeteig (Pizza, Stockbrot, Zopfbrot …)

Zutaten	4 Personen	50 Personen
Hefeteig		
Mehl (kg)	1	12,50
Salz (knappe KL.)	2	25
Olivenöl	0,10	1,25
Zucker (EL)	1	12,50
Würfel Hefe	1	12,50
Wasser, lauwarm (dl)	6	75,00
evtl. Ei zum Bestreichen	1	3

1 Würfel frischer Hefe (42g) entspricht
2 Päckchen Trockenhefe (9g).

Vorbereitung Vorteig:

1. Frische Hefe in etwas Milch (lauw.) auflösen.
2. Prise Zucker, etwas Mehl hinzugeben.
3. 10 bis 15 Min. ruhen lassen (Vorteig), bis er aufgegangen ist und sich etwa verdoppelt hat.

Bei Trockenhefe ist der Vorteig nicht notwendig.

Teig kneten, formen, backen.

4. Dann alle Zutaten dazu, 20 Min. kneten, bis der Teig geschmeidig ist.

Die Mengen sind ca-Angaben, Mehl saugt immer etwas unterschiedlich: Ist der Teig zu feucht, etwas Mehl zugeben, ist er zu trocken, etwas Milch.

5. Zugedeckt 40-60 Min. gehen lassen.
6. Dann als Stockbrot, Pizza, Brötchen … weiter verarbeiten.

Arbeitsschritte Hefeteig-Kneten bei großen Mengen anleiten:

Vorbereitung Vorteig:

1. Mehl auf mehrere Schüsseln verteilen (bei 12 kg ca 4 x 3 kg).
2. Am Rand der Schüssel eine Vertiefung hinein drücken.
3. In einer kleinen Schüssel etwas warme Milch mit 3 Würfeln Hefe und 1 Esslöffel Zucker anrühren.
4. Hefemilch in die Mehlvertiefung gießen und mit etwas Mehl vermischen (Vorteig).
5. Ca. 15 - 30 Min. zugedeckt ruhen lassen, bis der Teig aufgegangen ist.

Teig kneten, formen und backen.

6. Den Teig kneten: Pro Schüssel 4 bis 5 Kinder jeweils mit einer Hand im Teig (die andere Hand bleibt sauber), Milch, Butter und Salz dazugeben und mitkneten.
7. Den fertigen Teig in 4 bis 6 Portionen teilen.
   Jedes Kind knetet so lange, bis sich der Teig weich anfühlt. Zwischendurch darf man den Teig auch auf den Tisch schlagen.
8. An einem warmen Ort zugedeckt 40-60 Min. gehen lassen.
9. Dann aufteilen in z.B. 12 Stücke für 12 Hefezöpfe, Pizzableche, sippenweise Stockbrotportionen
10. Wird im Ofen gebacken, je nach Vorhaben Backblech mit Backpapier auslegen oder einfetten. Gebäck 10-15 Min. darauf gehen lassen.
11. Süßes Hefegebäck, Brötchen, Zopf in den **kalten Backofen** stellen, auf 180 °C stellen: Brötchen etc. 20, Zopf 45 Min. Für Pizza den Ofen vorheizen, 220 °C, ca 10 Min. backen.

Varianten/Beilage:
Im Ofen als Pizza gebacken, als Stockbrot oder Fladen-/Knäckebrote, dieser Teig ist vielseitig verwendbar.
Stockbrote könnt ihr mit Kräuter-/Butter oder/und Käse/Wurst füllen … (oder gesüßt, siehe auch Zopfbrotrezept Frühstück).

1993 Wölflingsnacht am alten Pfadiheim in der Gossnerstraße | Fotos: Hexe

BEILAGEN

auch mal
was besonderes

2006 Herbstlager, Sedrun/CH | Fotos: Spezi

2006 Herbstlager, Sedrun/CH | Fotos: Lenja

Rübli

Zutaten

Rübli/Karotten	4 Personen	50 Personen
Fett/Öl (kg)	0,015	0,19
Schalotten (kg)	0,02	0,25
Zucker/Ahornsirup (kg)	0,003	0,03
Karotten (kg)	0,20	2,5
Salz (kg)		
evtl. Gemüsebrühepulver		

Bei kleiner Menge (4 Personen) eine Prise Zucker, die Kiloangaben stimmen sonst nicht, auf 50 Personen 2 gestrichene Esslöffel.

Vorbereitung:

Karotten und Schalotten schälen.
Abfall in den Kompost, Brettchen säubern.
Karotten in feine Stäbchen/Stengeli/Scheibchen und Zwiebeln in feine Würfel schneiden.

Arbeitsschritte:

1. Fett erwärmen
2. Schalotten, Zucker und Karotten beigeben, unter Rühren auf kleiner Flamme gut durch dünsten.
3. Evtl. mit etwas Wasser ablöschen, nicht anbrennen!
4. Ca. 10 bis 15 Min. auf kleiner Flamme dünsten.
5. Mit Salz und evtl. noch etwas Zucker abschmecken. Auch Gemüsebrühe ist möglich.

Tipp:

Ein paar Schalotten nur schälen und sie am Stück mitgaren. Das sieht schön aus, und manche mögen sie so sehr gerne ...a

Passende Gerichte:
Die Karotten passen gut zu Kartoffeln jeglicher Art, zu Fleisch oder auch Hirse und Polenta. Kinder essen sie sehr gerne.

2003 Bundeslager "Auf den Spuren der Vergangenheit", Steinenbronn | Fotos: Andi

Bohnen (mit Tomaten)

Zutaten	4 Personen	50 Personen
Bohnen		
Fett/Öl (EL)		0
Zwiebeln (kg)	0,10	1,25
Knoblauchzehen (Stck.)	1,00	12,5
Bohnenkraut, Zweige (Stck.)	0,50	6,25
oder getrocknetes Kraut (TL)	1/2	2
Bohnen	0,50	6,25
Brühepulver für ... Liter	1,00	12,50
Tomatendosen* (kg)	0,25	3,13

Bei der Tomatenmenge ist das Gesamtgewicht mit Saft, nicht nur die Einwaage gemeint.

Die Fettmenge hängt vom Topf ab, der Boden sollte leicht eingestrichen sein.

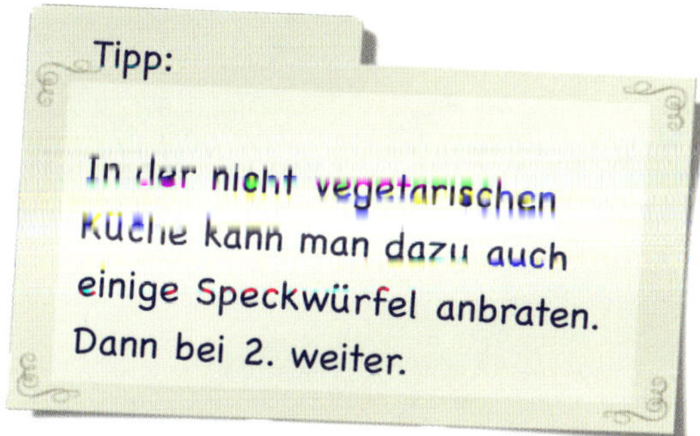

Vorbereitung:

Bohnen waschen und putzen (braune Stellen ausschneiden, Spitzen kappen, evtl. Faden abziehen). Da sollte ein erfahrener Leiter mitmachen.

Zwiebeln/Knoblauch schälen, Abfall wegräumen, und dann beides fein schneiden.

Arbeitsschritte:

1. Fett erwärmen.
2. Zwiebelwürfel, Knoblauch darin bei kleiner Hitze glasig dünsten. Bohnen dazu, mit dünsten.
3. Brühe hinein geben.
4. Bohnenkraut und Tomaten dazu, 15 Min. köcheln lassen, je nach Bohnen können sie bis zu einer Stunde brauchen. Unbedingt frühzeitig beginnen! (Bei frischen Tomaten evtl. etwas Wasser dazugeben.)
5. Mit Salz und Pfeffer abschmecken.

Resteverwertung:

Übrige Bohnen könnt ihr zum nächsten Essen aufwärmen oder mit etwas Salatsauce auch kalt als Bohnensalat servieren.

Passende Gerichte:
Als Gemüse zu allen Fleisch- und Bratensorten, jede Art von Kartoffeln ist dazu lecker, sehr beliebt sind die Béchamelkartoffeln.

2003 Stammesgroßfahrt "Italia"/IT | Foto: Andi

Gefüllte, kalte Tomaten (Erbsenfüllung)

Zutaten	4 Personen	50 Personen
Tomaten		
Wasser	1	7
Salz, max, Kl	0,25	3
Zucker, eine Prise	1	8
Tiefkühlerbsen, fein	0,18	2,19
Fleischtomaten	2	25
Sauerrahm, Crème Fraiche (oder Hälfte Mayonnaise)	0,03	0,38
Kräuter		
Pfeffer Kräutersalz		

Vorbereitung:
Tomaten waschen.

Arbeitsschritte:

1. Wasser zum Kochen bringen,
2. Salz und Zucker beigeben, die Erbsen dazu und ca. 2 Minuten kochen lassen, Topf beiseite stellen.
3. Fleischtomaten vom Stielansatz befreien, quer halbieren. Tomaten aushöhlen, innen mit etwas Salz oder Kräutersalz bestreuen.
4. Die Erbsen abgießen, (mit dem Erbsenwasser und Tomateninnern kann eine Suppe gemacht werden).
5. Mit Mayonnaise, Sauerrahm und Kräutern eine dickflüssige Sauce herstellen, mit Salz und Pfeffer abschmecken.
6. Die Erbsen dazu geben und in die Tomatenhälften füllen

Zu den Erbsen passt auch anderes gekochtes Gemüse wie Karotten, Sellerie, Maiskörner …
oder einige rohe, klein geschnittene Paprikawürfel …
oder 1 klein gewürfeltes, hartgekochtes Ei etc. …
Viel Freude beim Experimentieren …

Tipp:
Das ist eine leckere Alternative für Vegis bei Fleischgerichten – evtl. so lecker, dass es dann alle wollen!

Mit selbst hergestellter Mayo schmucken sie natürlich besonders lecker! Aber Achtung: Kühlung, frische Eier … siehe Rezept für Mayonnaise.

Passende Gerichte:
Kalte gefüllte Tomaten eignen sich prima als Vorspeise oder auf ein kaltes Buffet.

2013 Bundespfingstlager, Langensteinbach | Fotos: Blitz

Überbackene Tomaten mit Kräutern und Käse

Zutaten	4 Personen	50 Personen
Tomaten		
Tomaten (kg)	0,40	5
Kräuter aus dem Glas (EL)	1	12,50
Mozarella (kg) oder geriebener Käse	0,10	1,25
Kräuter		
Pfeffer		
Kräutersalz		

Wenn ihr sie für alle einplant, sollten pro Person 2 Tomaten gerechnet werden, wenn es auch eine Vegibeilage ist, bekommen die Fleischesser nur eine, die Vegetarier jeder drei.

Vorbereitung:
Tomaten waschen.

Arbeitsschritte:

1. Den Stielansatz rausschneiden und die Tomaten quer halbieren.
2. Auf jede Tomatenhälfte eine Messerspitze eingelegte Kräuter oder frische, gehackte Kräuter mit Kräutersalz geben.
3. Ein Stück Mozarella oder geriebenen Käse oben drauf legen …
4. Dann die Tomaten in einer ölbestrichenen Pfanne/Topf nebeneinander auf den Boden setzen, nicht aufeinander. Mit einem Deckel verschließen und auf kleiner Flamme ca. 15 Min. garen lassen.

Tipp:

Alternative für Vegis bei Fleischgerichten. Ist so lecker, dass es evtl. alle wollen!

Passende Gerichte:
Sie passen immer gut zu Reis oder Kartoffeln.

2013 **Herbstlager "Harry Potter", Elm/CH** | Foto: Hexe

Gemüsepfanne/Ratatouille

Zutaten

Gemüsepfanne	4 Personen	50 Personen
Margarine /Öl (kg /l)	0,01	0,1
Zwiebeln (8 Stck. = 1kg)	0,12	1,5
Knoblauchzehen (Stck)	1	10
div. getr. Kräuter (g)	0,8	10
Auberginen (kg)	0,18	2,25
Paprika (Stck)	0,24	3
Zucchini (kg)	0,16	2
Tomaten (kg)	3	37,5
Salz/Kräutersalz (g)		
evtl. Pfeffer	0,10	1,25
frische Kräuter		

Vorbereitung:

Zwiebeln schälen (kann am Vortag geschehen),
Gemüse waschen und putzen.
Dann den Abfall in den Kompost, die Brettchen säubern.
Anschließend Gemüse in nicht zu kleine Stücke schneiden.

Arbeitsschritte:

1. Fett im Bräter erhitzen, Zwiebelwürfel glasig dünsten.
2. Knoblauch dazu pressen und mit den getrockneten Kräutern unter die Zwiebeln rühren.
3. Das restliche Gemüse hinzu geben und gut durchrühren.
4. Salzen und zugedeckt fertig garen (10 Min.)
5. Mit Salz, Pfeffer und frischen Kräutern abschmecken.

Falls der Bräter zu klein ist, müsst ihr Portionsweise vorgehen und die jeweiligen Portionen in einen grossen Topf geben, den ihr auf dem Herd warm halten könnt.

Tipp:
Als getrocknete Mischung passt gut die Kräutermischung "Herbes de Provence"/"Kräuler der Provence": Thymian, Rosmarin, Oregano, Majoran, Bohnenkraut, Lavendel

Passende Gerichte:
Diese Gemüsepfanne schmeckt sehr gut mit Reis.

2009 **Sommerlager "Märchenwald", Bichishausen** | Foto: Hexe

SAUCEN

Grundsätzlicher Tipp zum Saucen andicken:

5 Einheiten auf 1 Liter Flüssigkeit, z.B. Milch,

1 Einheit ist 1 Ei oder 1 Esslöffel Mondamin.

daran erkennt man
den guten Koch

2004 Bundessommerlager "Forscher", Ochsenhausen | Foto: Stoffel

Tomatensauce

Zutaten	4 Personen	50 Personen
Tomatensauce		
Zwiebeln (1kg =ca. 8 Stck.)(kg)	0,15	1,75
Knoblauch ganze	0,05	0,625
Öl oder Margarine	0,02	0,25
Brühe (Rotwein*)	0,05	0,625
Dosentomaten (Füllmenge kg)	0,8	10
Brühepulver für ... Liter	0,75	9,375
Wasser (l)	0,05	0,625
Mondamin (kg)	0,01	0,125
evtl. Lorbeerblätter (Stück.) Pfeffer, Kräuter d. Provence	1	3
Sahne (l)	0,035	

Hinweis "Alkohol in der Küche", siehe Seite 27

Bei großen Mengen (ab 50 Personen) können die die Fettmengen um 1/4 reduziert werden, denn das braucht es im Verhältnis weniger
-> Fettspartipps siehe Seite 47.

Vorbereitung:
Zwiebeln können schon am Vortag geschält und in kaltem Wasser aufbewahrt werden

Arbeitsschritte:

1. Knoblauch und ggf. Zwiebeln schälen.
   Abfall in den Kompost, Brettchen säubern.
2. Anschließend die Zwiebeln fein schneiden,
   Knoblauch fein hacken oder durch die Presse drücken.
3. Zusammen im Öl andünsten,
4. Brühe (Rotwein*) beigeben, aufkochen
   und etwas einköcheln/reduzieren lassen.
5. Dosentomaten, Brühe und andere Kräuter dazu.
6. 1 Std. leicht köcheln lassen.
7. Wasser mit Mondamin anrühren, in die Sauce einrühren, zum Kochen bringen und unter gelegentlichem Umrühren mind. 3 Min. fertig kochen.
   Mit Salz, Pfeffer und Salz abschmecken.

Tipp:
Je langer sie kocht, desto leckerer.
Reste können später als Tomaten-suppe angeboten werden.

Variante/passende Gerichte:
Diese Sauce passt sowohl zu Nudelgerichten (Teigwaren), z.B. auch zu Tortellini etc. oder aber zu Polenta.
Man kann der Sauce auch Sahne beifügen.

1987 DPV-Lager DOMINO, Münsterland | Fotos: Irokese

Hackfleischsauce (Bolognese)

Zutaten	4 Personen	50 Personen
Hackfleischsauce		
Hackfleisch (khg)	0,1	1,25
Zwiebeln (kg =ca. 8 Stck.)	0,08	1
Knoblauch, Zehen (Stck.)	1	12,5
Öl oder Margarine	0,02	0,25
Karotten (Stck.)	0,05	0,62
Dosentomaten (lt. Füllmenge) (kg	0,8	10
Brühepulver für ... Liter	0,2	2,5
Mondamin (kg)	0,01	0,125
evtl. Lorbeerblätter (Stck.)	1	3
Pfeffer, Gewürze der Provence Oregano, Chili		
etwas abgeriebene Zitronenschale		

Bei großen Mengen (ab 50 Personen) können die Füllmengen um 1/4 reduziert werden, denn das braucht es im Verhältnis weniger
-> Fettspartipps siehe Seite 47.

Achtung:
Frisches Hackfleisch darf nur gut gekühlt aufbewahrt werden.
Am besten am Einkaufstag verwenden!

Vorbereitung:
Zwiebeln können schon am Vortag geschält und in kaltem Wasser aufbewahrt werden.

Arbeitsschritte:
1. Zwiebeln und Knoblauch schälen.
   Abfall in den Kompost, Brettchen säubern.
2. Anschließend Zwiebeln fein schneiden,
   Knoblauch fein hacken oder durch die Presse drücken.
3. Hackfleisch im Öl scharf anbraten,
4. Zwiebeln und Knoblauch dazu geben, 5 Min. mitdünsten.
5. Dosentomaten, Brühe und andere Kräuter dazu.
6. 1 Std. leise köcheln lassen.
7. Wasser mit Mondamin anrühren, in die Sauce einrühren, zum Kochen bringen.
   Unter gelegentlichem Umrühren mind. 3 Min. fertig kochen.
8. Mit Gewürzen, evtl. auch Pfeffer und Salz abschmecken.

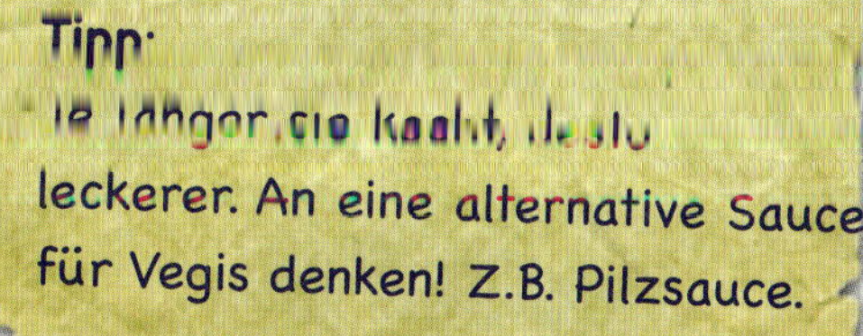

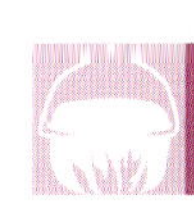

Variante/passende Gerichte:
Diese Sauce passt sowohl zu Nudelgerichten (Teigwaren), z.B. auch zu Tortellini etc. aber auch zu Polenta.

2004 Bundessommerlager "Forscher", Ochsenhausen | Fotos: Stoffel

Weisse Grundsauce, evtl. Sahnesauce

Zutaten

Weisse Grundsauce

	4 Personen	50 Personen
Zwiebeln (kg)	0,15	1,5
Butter/Margarine /Öl (kg/ l)	0,02	0,25
Kräuter nach Belieben		0
Brühe (Weisswein*) (l)	0,05	0,625
Wasser (l)	0,05	0,625
Brühepulver für ... Liter	0,50	6,25
Mondamin (kg)	0,01	0,125
Sahne (evtl. halb Milch)	0,04	0,4375
Muskat zum Würzen		

*Hinweis "Alkohol in der Küche", siehe Seite 27

Schinken-Käse-Sahne-Variante

geriebener Käse	0,15	1,875
Schinken	0,05	0,625
Sahne	0,05	0,625

Käse-Sahne-Variante

geriebener Käse	0,15	1,875
Sahne	0,05	0,625
Muskat, Pfeffer		

Vorbereitung:
Zwiebeln schälen.

Arbeitsschritte:

1. Zwiebeln sehr fein schneiden.
2. Fett in der Pfanne schmelzen lassen, klein gewürfelte Zwiebeln/Knoblauch glasig andünsten.
3. Mit Brühe (Weißwein*) ablöschen, Wasser dazu
4. Mondamin in einer kalten kleinen Wassermenge auflösen, dann unter Rühren zur Sauce geben.
5. Brühe, Kräuter sparsam hinzufügen, köcheln lassen.
6. Nach 10 Minuten die Sahne / Milch dazugeben, bei großen Mengen, wenn es stark abkühlt, noch mal erhitzen, muss aber nicht mehr kochen.
7. Nun fertig abschmecken, evtl. noch mal Brühe, Salz, Pfeffer, Kräuter, gerne Muskat.

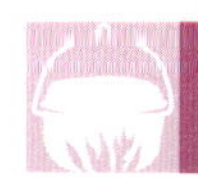

Variante/passende Gerichte:
Diese Sauce passt sowohl zu Nudelgerichten (Teigwaren), z.B. auch zu Tortellini etc. aber auch zu Reis oder Gemüse, Pilzen).

Das Binden mit Mondamin macht die Sauce glutenfrei.
Außerdem kann es in die fertige Sauce gegeben werden, und somit auch leichter nachdosiert werden (<-> Béchamelsauce)

2003 Stammesgroßfahrt Edelweißpiraten "Olympia" Hajkbilder, Valle Maira/Italien | Fotos: Tanrek

Béchamelsauce

Zutaten	4 Personen	50 Personen
Béchamelsauce		
Zwiebeln (kg)	0,15	1,875
Knoblauch (ganze Zehen)	0,05	0,625
Butter/Margarine /Öl (kg/ l)	0,07	0,875
Wasser/Milch	0,50	6,25
Brühe für ... Liter	0,01	0,125
Mehl (kg)	0,07	0,875
Pfeffer, frisch gemahlen		
Nelken (Stck.)	1	3
Muskat, evtl. Salz		

Nelken und Pfefferkörner braucht es bei großen Mengen trotzdem nur wenige: Die Hälfte bis ein Viertel der errechneten Menge genügt.
Also bei 50 Personen reichen z.B. 5 bis 10 Nelken!

Vorbereitung:
Zwiebeln schälen.

Arbeitsschritte:

1. Zwiebeln sehr fein schneiden.
2. Fett in der Pfanne schmelzen lassen,
   klein gewürfelte Zwiebeln glasig andünsten.
3. Mehl unter Rühren zugeben und anschwitzen,
   weiß, gelblich oder dunkel, je nach Wunsch.
4. Unter gutem Rühren Wasser/Milch, Lorbeerblatt,
   frisch gemahlenen Pfeffer (evtl. Nelken) dazu geben
   und 10 Minuten köcheln lassen.
5. Mit Salz, Pfeffer und Muskat würzen, evtl. Brühe.

Auf Glutenunverträglichkeiten achten, alternativ die weiße Grundsauce mit Mondamin herstellen.

Da man die Mehlmenge nicht später nachdosieren kann, ist sie schwieriger, als die weiße Grundsauce mit Mondamin.

Die Béchamelsauce ist durch das Mehl und die Fettmenge auch eine schwerer verdauliche Sauce als die weiße Grundsauce mit Mondamin. Deswegen sollte ihr dann kaum oder nur wenig Sahne beigegeben werden.
Wenn es ein vornehmes Essen sein soll, kann man die Sauce durch ein feines Sieb streichen (passieren).

Variante/passende Gerichte:
Diese Sauce kann bei einer Lasagne verwendet werden. Dann ist es lecker, parallel zum Lorbeerblatt wenige Nelken mit zu köcheln.
Sie kann aber auch mit Kartoffeln kombiniert werden (Mmmh, Béchamelkartoffeln) mit Gemüse.

2005 **Großfahrt Stamm Edelweißpiraten, Polen** | Foto: Peter

Pilzsauce

Zutaten	4 Personen	50 Personen
Pilzsauce		
Fett/Öl (kg)	0,20	2,5
Zwiebeln (Stck.)	1	12,5
Petersilienstengel (Stck.)	2	25
Champignons (kg)	0,25	3,12
Brühepulver für ... Liter	0,50	6,25
Wasser (l)	0,40	5
Mondamin (kg)	0,01	0,125
Sahne/Milch mind.	0,10	1,25
Salz, Pfeffer		
evtl. Muskat, Nelken, Prise Zimt		

Gerichte mit Pilzen sollten nicht zu lange warm gehalten werden oder mehrmals aufgewärmt werden. Wenn ihr Reste habt, stellt sie sofort nach dem Essen kühl und erhitzt sie beim zweiten Mal nur kurz und direkt vor dem Ausgeben.

Die Menge ist mit 125 ml pro Person gerechnet, als alternative Sauce für Vegis bei Hackfleischsauce. Meist benötigt ihr weniger Pilz- als Hackleischsauce pro Person.

Ca 10 Stengel sind ein. Bund

Vorbereitung:
Champignons putzen, evtl. waschen und mit Küchentüchern gut trocken tupfen. Köpfe und Stiele trennen.
Die Stiele klein hacken und die Köpfe in Scheiben schneiden.
Zwiebeln schälen und klein schneiden.
Petersilienblätter von den Stielen trennen, beides getrennt fein schneiden.

Arbeitsschritte:

1. Fett erhitzen, Zwiebeln glasig dünsten,
2. Petersilien- und Champignonstiele mit dünsten (bei kleiner Hitze ca. 2 3 Minuten).
3. Die Hitze wieder erhöhen, dann die Champignonscheiben dazu geben und kurz mit andünsten.
4. Mit Wasser oder Brühe ablöschen.
5. 2 EL Mondamin oder anderer Speisestärke mit etwas kaltem Wasser anrühren, zur Sauce geben, und die Sauce damit abbinden, 3 Min. köcheln lassen. 1 dl Sahne oder Milch (oder halb & halb) dazu.
6. Mit Salz und Pfeffer oder sonstigen Kräutern nach Lust und Laune würzen.
7. Die grünen Petersilienblätter darüber geben.

Variante/passende Gerichte:
Die Pilzsauce ist eine gute Alternative für Vegis bei Zürcher Geschnetzeltem. Sie passt auch gut zu Reis.

1988 Gruppenleiterfahrt nach Bremen | Fotos: Irokese

Curry-Sauce

Zutaten	4 Personen	50 Personen
Currysauce		
Zwiebeln (kg)	0,15	1,88
Currypulver (kg)	0,01	0,12
Margarine /Öl (kg/ l)	0,02	0,25
Zucker (kg)	0,05	0,63
Essig (l)	0,01	0,12
Brühepulver für ... Liter	0,60	7,5
Wasser (l)	0,50	6,25
Tomatenmark (l)	0,01	0,10
Äpfel (Stck.)	0,20	2,50
Mondamin (kg)	0,01	0,125
gebratene Bananen		
Bananen, flach halbierte	2	25
Fett	0,10	1,25

Vorbereitung:

Zwiebeln schälen. In eine Schale mit kaltem Wasser legen.
Abfall in den Kompost, Brettchen säubern.

Arbeitsschritte Currysauce:

1. Zwiebeln sehr fein schneiden.
   Äpfel in Würfel schneiden.
2. Fett in der Pfanne schmelzen lassen,
   fein gewürfelte Zwiebeln glasig andünsten.
3. Currypulver zugeben und mit erhitzen.
4. Wasser und Brühepulver beigeben und
   10 Minuten köcheln lassen.
5. Mondamin mit wenig kaltem Wasser anrühren
   und dazugeben. Gut rühren, weiter köcheln lassen.
6. Restliche Zutaten beigeben (Tomatenmark, Essig,
   Äpfel, Zucker)

Mit Salz, Pfeffer und Muskat würzen, evtl. Brühepulver.

1988 Pfila "Kontiki" Foto: Irokese

Als Beilage solltet ihr unbedingt gebratene Bananen reichen:

Arbeitsschritte gebratene Bananen:

1. Bananen schälen und der Länge nach halbieren.
2. Fett in der Pfanne schmelzen lassen,
   die Bananen nebeneinander legen und anbraten
   lassen, einmal wenden, dann auf einer Platte o.ä.
   sammeln, am besten warm halten.

Variante:
Die Sauce passt eigentlich nur zu Reis. Man kann auch Ananas oder Rosinen mitkochen.
Dazu könnt ihr Pfirsiche oder Aprikosen aus der Dose reichen.

1987 **DPV-Großlager "DOMINO", Münsterland** | Fotos: Irokese

SALATE & KALTE PLATTEN (inkl. Lunch)

gesund und lecker

1999 **Herbstlager Stamm Edelweißpiraten "Schotten"** | Fotos: Stammesarchiv N.N.

Welche Salatsauce zu welchem Salat? Hier ein paar Anregungen

	Salat	Sauce	Kräuter	Sonstige mögliche Beigaben
Blattsalate	Kopf- , Romana Eichblattsalat	Vinaigrette	Schnittlauch	frische Champignons, Tomaten
	Eisbergsalat	kräftige Vinaigrette	Schnittlauch	
	Feldsalat (Ackersalat)	Vinaigrette / Mayonnaise – gerne mit etwas Nussöl		Äpfel, Birnen, Orangen, Nüsse oder Champignons / Karotten, hartgek. Ei
	Endivien*& Frisée*	Vinaigrette (mit Honig)	Schnittlauch	Äpfel, Birnenstücke, Wahlnüsse
	Radicio*	Vinaigrette (süß, Honig)		zu anderen milderen Salaten
	Chicorée*	Rahmsauce / süße Vinaigrette	Estragon, Majoran	Orangen, Birnen
Kohlsalate	Weiß-/, Sauerkraut Rotkraut, Chinakohl	Vinaigrette (Mayonnaise)	Liebstöckel, Bohnenkraut, Kümmel, Thymian, Petersilie	Speckwürfel zu Weiß-/Sauerkr., zu Rotkraut geriebene Äpfel, zu Chinakohl geriebene Karotten
	Blumenkohl	Mayonnaise/Rahmsauce	Basilikum, Majoran,	Wahlnüsse
	Kohlrabi	Rahmsauce/ Vinaigrette	Thymian, Liebstöckel	
Sonstige Salate, Wurzelgemüse	Tomaten	Vinaigrette	Basilikum, Estragon, Dill	Mozarella in dünne Scheiben.
	Rübchen /Karotten	Rahmsauce/ süße Vinaigrette	Majoran, Liebstöckel, evtl. Thymian	Äpfel mit dazu reiben
	Gurken	Vinaigrette	Dill, Estragon, Boretsch	
	Fenchel	Rahmsauce / Vinaigrette	Basilikum, Thymian, Dill	Orangen
	Zucchini	Rahmsauce / Vinaigrette	Dill, Boretsch, Basilikum	
	Stangensellerie	Vinaigrette / Rahmsauce	Schnittlauch	Tomaten, o. mit Dipp aufs Buffet
	Rote Beete , roh (Randen, roh)	Rahmsauce / Vinaigrette (bisschen süß)	Liebstöckel, Thymian	Äpfel, Wahlnüsse
	Zwiebelsalat	Vinaigrette, Prise Zucker	Kümmel	
	Wurstsalat	Vinaigrette		saure Gurken, Zwiebeln
	Nudelsalat	Vinaigrette	Petersilie	Erbsen,
	Reissalat	Vinaigrette	Petersilie	Ananas, Hähnchen, Paprika, Cornichons, Erbsen, Hühnchen oder mediterran mit Thunfisch
	Bohnensalat	Vinaigrette, stark würzen	Knoblauch, Bohnenkraut	Tomaten, evtl. Pfifferlinge
	Kartoffelsalat	Vinaigrette, viel Kräutersalz		Gurken, Zwiebeln

* Salate mit Bitterstoffen (Zichorienarten) schmecken milder, wenn sie nach dem Schneiden kurz in lauwarmes Wasser (idealer Weise mit Zitrone) gelegt werden, dann kalt abschrecken. Wichtig ist auch eine süße Sauce.

2009 **Sommerlager "Märchenwald", Bichishausen** | Fotos: Tabaluga

Salat richtig putzen und waschen

Zum Putzen der Blattsalate gibt's folgende Tipps:

1. Randblätter wegnehmen, braune Stellen ausschneiden.

2. Die ganzen Blätter einzeln waschen:
   Wenn ihr auf Zeltlagern die großen Spülwannen sehr sauber ausgewaschen habt, könnt ihr darin den Salat waschen. Am besten in zwei Waschgängen, falls er wirklich Erde in den Blättern hat.
   Bei sauberen Sorten, wie Eissalat etc. reicht einmal waschen.

3. Wird der Salat geschleudert (Salatschleuder/Küchenhandtuch), wird er trockener und nimmt die Sauce besser an.

4. Stiele/Strunk von unten mit dem Messer einschneiden.

5. Blätter reißen, nicht schneiden.

Bitterstoffe lassen sich abmildern durch ein kurzes Bad in lauwarmem Wasser und eine leicht gesüßte Sauce.

Salatmengen

Endiviensalat	1 gr. Kopf	für	8 Personen
Kopfsalat	1 Kopf	für	5 Personen
Chinakohl	1 gr. Kopf	für	10 Personen (mit Karotten dazu)
Ackersalat	1 Pfund	für	5 Personen

Wenn ihr den Salat vor der Hauptspeise ausgebt, benötigt ihr mehr Salat, und die Kinder essen somit mehr gesunde Vitamine.
Wenn ihr ihn mit der Hauptspeise zusammen ausgebt, benötigt ihr deutlich weniger.
Bei manchen Gerichten schmeckt Salat auch wie ein Gemüse lecker gleichzeitig dazu.
Dann benötigt ihr meistens etwas weniger.

2004 Roverprüfung - Naturkunde mit Gisl | Foto: Stammesarchiv N.N.

Wildkräutersalat

Im Frühling (z.B. Gruppenleiterschulung an Ostern) findet ihr viele Blumen und Kräuter, die ihr dem Salat beigeben könnt, oder aus denen ihr einen Wildkräutersalat zusammenstellen könnt:

Veilchen

Gänseblümchen

fast alle jungen Frühlingskräuter:

Bärlauch

Gundermann

Löwenzahnblätter

Sauerampfer

Brennessel

Frauenmantel

Spitz/Breitwegerich

Scharfgarbe

Thymian

Minze

Majoran

Giersch

Kerbel

Kleeblüten u. Blätter

Achtung:
Natürlich sammelt ihr nur an sauberen Stellen, nicht direkt am Straßenrand oder an verkehrsreichen Straßen und nur, was ihr sicher kennt.

2009 Sommerlager "Märchenwald", Bichishausen | Fotos: Tabaluga

Vinaigrette

Zutaten	4 Personen	50 Personen
Klassische Vinaigrette für Blattsalate		
Kopf- od. Eisbergsalat (Stück)	0,8	10
Zwiebeln(kg)	0,1	1,25
Essig (l)	0,012	0,15
Kräutersalz (g)	4	50
(Raps)-Öl (l)	0,024	0,3
Senf (g)	5	62,5
frische Kräuter oder Kräuter in Öl, Cenovis		

Beim Senf kommt sehr darauf an, welchen Senf ihr verwendet: Ich verwende milden oder mittelscharfen.

Welche Kräuter zu welcher Salatsorte passen, findet ihr in der Übersichtstabelle Seite 89.
Das sind nur Vorschläge.
Neues ausprobieren macht Spass!

Arbeitsschritte Salatsauce Vinaigrette:

1. Zwiebeln schälen, Abfall in Kompost, Brettchen säubern. Dann Zwiebeln in möglichst kleine Würfelchen schneiden. (Siehe Anleitung, Rund um die Zwiebel, Seite 37)
2. Essig und Kräutersalz an die Zwiebeln geben, umrühren und etwas ziehen lassen.
3. Öl, Salz, Sahne und Kräuter dazu, gut rühren, am besten mit einem Schneebesen.

Bei Bittersalaten (Endivie, Radicio, etc..) immer etwas Zucker oder Honig an die Sauce geben.

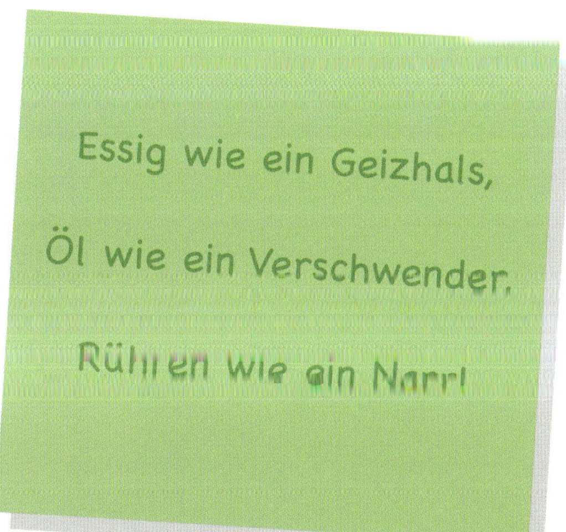

Varianten/Beilage:
Durch anderes Öl (Nussöl, Kürbiskernöl) läßt sich die Vinaigrette vielfältig abwandeln, man kann Zitronensaft statt Essig verwenden, oder Sahne oder Buttermilch zugeben.

1992 **DPV-Großlager "WASGONIA", dahner Felsenland** | Fotos: Boffel

Frische Mayonnaise

Zutaten	4 Personen	50 Personen
Mayonnaise		
Eigelb	1	2,5
Senf (g)	5	0,03
neutrales Öl, Raps-/Mais (l)	0,20	2,5
Salz (Prise)	1	12,5
Zitronensaft (Kl)	1	12,5

Die Senfmenge ist auf 50 Personen etwas reduziert, lieber weniger und dann probieren. Es ist schade, wenn der Senf rausschmeckt.

1 Eigelb reicht, um bis zu 1 Liter Öl zu binden.

Achtung:
Mayonnaise mit frischen, rohen Eiern ist sehr empfindlich:
Die Eier müssen ganz frisch und immer gekühlt sein (Salmonellengefahr), am besten vom Bauer eures Vertrauens.
Einmal angerührt darf sie auch nicht zu lange an der Wärme stehen. So halten auch Salate mit frischer Mayonnaise nicht lange. Immer kühl stellen!

Auf einem Zeltlager lieber fertige Mayonnaise verwenden!

Vorbereitung:
Alle Zutaten 1 Std. vorher bereitstellen, damit sie die gleiche Temperatur haben.

Arbeitsschritte Mayyonaise:

1. Ei(gelb) und Senf verrühren,
2. dann tropfenweise Öl darunter rühren, immer mit dem Schneebesen schlagen, bis die Masse anfängt dicklich zu werden.
3. Öl in immer größerem Strahl weiter gießen.
4. Mit Salz und Zitronensaft abschmecken.

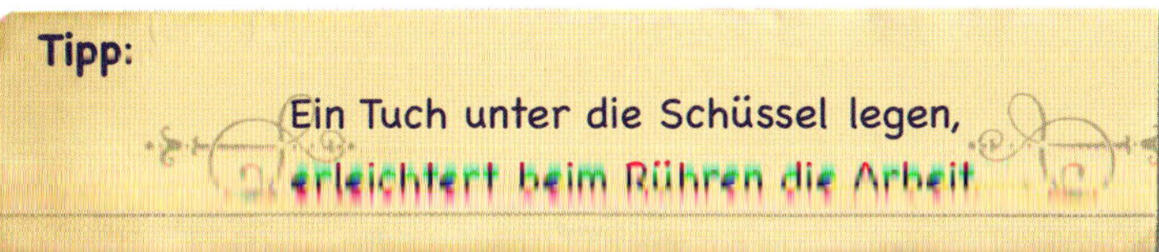

Varianten/Beilage:
Die Mayonnaise kann als Grundsauce in vielerlei Art variiert werden. Zu Salaten, zu Fondue, Fisch etc. Siehe Fonduesaucen!

2009 Sommerlager "Märchenwald", Bichishausen | Fotos re. Seite & unten: Stucki Linke Seite oben: **2004 BuSoLa** | Foto: Andi

Kartoffelsalat & Wurstsalat

Zutaten	4 Personen	50 Personen
Kartoffelsalat		
(Salat-)Kartoffeln (kg)	1	12,5
Schalotten (kg)	0,04	0,5
neutrales Öl, Raps-/Mais (l)	0,012	0,15
Essig (l)	0,012	0,15
Senf (g)	10	125
Buttermilch o. Milch (l)	0,05	0,63
Kräutersalz (g)	6	75

Kartoffeln benötigen viel Würze, wenn ihr nur normales Salz verwendet, reicht auf 4 Personen ein Kaffeelöffel, beim Kräutersalz gilt die hier genannte Menge.
Probiert den Kartoffelsalat vor dem Servieren noch mal, die Kartoffeln ziehen das Salz heraus, vielleicht müsst ihr noch etwas nachwürzen.

Eine gute Möglichkeit, die Sauce etwas sämiger zu machen, ist, wie ich es beim Kochkurs von Herrn Schuhbeck gelernt habe, ein bis zwei zerdrückte, mehlige Kartoffeln in die Sauce zu geben.

Wurstsalat		
Fleischwurst (kg)	0,32	4
Zwiebeln (kg)	0,20	2,5
neutrales Öl, Raps-/Mais l	0,01	0,15
Essig (l)	0,01	0,15
Frische Kräuter/im Öl (EL)	0,20	2,5

Vorbereitung Kartoffelsalat:

1. Kartoffeln aufsetzen und abkochen (siehe Pellkartoffeln, Seite 51).

Arbeitsschritte Salatsauce Vinaigrette:

1. Schalotten für die Sauce schälen, in kaltes Wasser legen. Abfall in den Kompost, Brettchen säubern.
2. Schalotten schneiden und im Essig ziehen lassen.
3. Restliche Saucenzutaten zum Essig geben, gut umrühren.

Arbeitsschritte Kartoffel-Salat fertigstellen

1. Kartoffeln noch heiß schälen und in feine Scheiben direkt in die Sauce schneiden.
2. Gut durchmischen, mit Salz und Pfeffer abschmecken. Dann sollte der Salat noch zugedeckt 1 bis 2 Stunden ziehen können, aber nicht kühl stellen.
   Noch leicht warm schmeckt er am besten!
   Wenn der Kartoffelsalat je nach Kartoffelsorte mal zu trocken ist, kann auch etwas Brühe beigegeben werden.

Arbeitsschritte Wurstsalat:

1. Salatsauce herstellen.
2. Falls ihr die Wurst nicht geschnitten gekauft habt, müsst ihr sie noch in feine Streifen schneiden.
3. Salatsauce über die Wurst geben und mindestens 15 Min. ziehen lassen.

Man kann auch saure Gurken oder Käse dazu reinschneiden, was euch schmeckt … Manche lieben Zwiebelringe drüber.

Varianten/Beilage Wurstsalat:
Dazu passt Brot oder Pellkartoffeln.

Variante Kartoffelsalat:
Ein schwäbischer Kartoffelsalat wird mit etwas Brühe statt mit Buttermilch zubereitet.

2009 Pfingstlager "3-Bünde-Lager Avalon", Schwäbisch Hall | Fotos: Tabaluga

Reissalat

Zutaten

Reissalat	4 Personen	50 Personen
Reis (kg)	0,20	2,5
Zwiebeln (Schalotten) (kg)	0,06	0,75
Mayo oder Sauerrahm, (kg) Crème fraîche, Joghurt zu je 1/3*	0,012	0,15
Essig (l)	0,012	0,15
Senf (g)	10	125
Essiggurken (Stck.)	0,5	6,26
gehackte Kapern (EL)	1,00	12,5
gekochte Eier (Stck.)	1,00	12,5
Mais (kg)	0,13	1,56
Erbsen, fein (kg)	0,10	1,25
Paprika (Stck.) rot und gelb je	0,50	6,25
Tomate (kg)	0,05	0,62
Schnittlauch (Bund) oder und Ruccola oder Petersilie	1	4

*Wieviel Mayo, Sauerrahm etc. ihr verwendet, hängt davon ab, worauf ihr Lust habt und was zur Verfügung steht.

Bei vier Personen könnt ihr auch 2 hart gekochte Eier verwenden, ganz wie es euch schmeckt.

Wenn ihr den Salat schön garnieren wollt, hebt ein paar Tomaten auf und kocht ein paar Eier mehr ab, Petersilien- und Ruccolablätter sehen auch dekorativ aus.

Vorbereitung

1. Reis kochen (oder Rest verwenden).
2. Eier abkochen.
3. Paprika, Tomaten und frische Kräuter waschen.

Arbeitsschritte Salatsauce Vinaigrette:

1. Zwiebeln schälen, Abfall in Kompost, Brettchen säubern.
   Dann Zwiebeln in möglichst kleine Würfelchen schneiden.
   (Siehe Anleitung, Rund um die Zwiebel, Seite 37)
2. Essig und Kräutersalz an die Zwiebeln geben,
   umrühren und etwas ziehen lassen.
3. Mayo/Sauerrahm/Crème fraîche, Joghurt dazu,
   gut rühren, am besten mit einem Schneebesen.

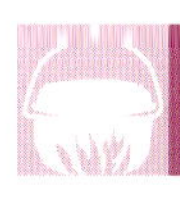

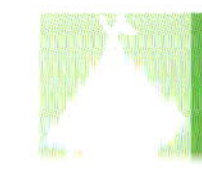

Arbeitsschritte Reissalat:

1. Paprika waschen und den Stielansatz herausschneiden,
   ebenso die Kerne und das weiße Fruchtfleisch.
   Tomaten klein schneiden,
   Kapern klein hacken, Eier klein schneiden.
   Kräuter fein hacken (Petersilie ohne Stiele).
   Dosen öffnen: Mais, Erbsen.
2. Alle Zutaten in die Schüssel geben,
   Salatsauce darüber gießen und gut umrühren.
3. Jetzt sollte der Salat noch ungefähr eine Stunde ruhen
   können, damit er gut durchzieht
   (zugedeckt, aber nicht gekühlt).

Reissalat macht sich auf jedem Buffet gut,
vielleicht mit gefüllten kalten Tomaten, siehe Seite 79.

Varianten/Beilage:
Man kann auch einen süß-sauren Reissalat machen und zum Reis Ananas, gebratene Hühnchenstücke und Rosinen geben.
Dann passt etwas Curry als Gewürz. Weitere Variante: Thunfisch statt Eier.

2003 **Stammesgroßfahrt Edelweißpiraten "Olympia", Valle Maira/Italien** | Foto: Andi

Griechischer Hirtensalat - alles was der Hirte findet

Zutaten	4 Personen	50 Personen
Hirtensalat		
Paprika, gelb (Stck.)	1	12,5
Paprika, rot (Stck.)	1	12,5
Tomaten, frische (Stck.)	0,5	6,25
Tomaten, getrocknete (kg)	0,04	0,5
Gurken (Stck.)	0,50	6,25
Zwiebel / Schalotten (kg)	0,10	1,25
Oliven (kg)	0,03	0,37
Feta (kg)	0,12	1,5
weiße Champignons (kg)	0,07	0,87
rosa Champignons (kg)	0,07	0,87
Pfifferlinge	0,02	0,25
Tiefkühl-Maiskörner, Erbsen	0,2	2,5
Stangensellerie, Staude (Stck.)	0,07	1
Petersilie (Bund)	0,08	1
Salatrauke/Ruccola (kg)	0,02	0,25
Kapern (kg)	0,01	0,125
Salz, Kräutersalz, Pfeffer		
Essig (l)	0,012	0,15
Öl (l)	0,012	0,15
Senf (g)	5	62,5
Sauerrahm (kg)	0,01	0,125

Gesamtgewicht Zutaten 250 g (als Hauptmahlzeit) pro Person.

Tipp:
Frische Wildkräuter passen auch zu diesem Salat sehr gut.

Vorbereitung

1. Zwiebeln/Schalotten schälen.
2. Tomaten, Gurken, Paprika, Sellerie, Rauke waschen
3. Pilze putzen und schneiden (kein Wasser).
4. evtl.Backofen vorheizen (zum Paprika schälen/häuten).

Arbeitsschritte

1. Schalotten/Zwiebeln fein schneiden, mit Weißweinessig begießen und kurz ziehen lassen.
2. Öl dazugeben (Olivenöl, was am Feta ist) ebenso Sauerrahm/Crème fraîche.
3. Kapern hacken, Petersilie/Rauke fein schneiden.
4. Kräutersalz, gehackter Thymian, Feta dazu.
5. Champignons putzen, schneiden, kurz andünsten, Pfifferlinge mit etwas Brühe 10 Min. kochen, dann Champignons dazu.
6. Paprika im Ofen rösten (höchste Stufe oder Grill, bis die Haut etwas braune Stellen bekommt).
   Mit einem feuchten Tuch abdecken und abkühlen lassen, dann schälen, schneiden, beigeben (geschält ist edel, es geht auch ohne).
7. Maiskörner/Erbsen mit heißem Wasser übergießen, im Sieb abtropfen lassen, dann beigeben.
8. Oliven, getr. Tomaten gehackt, Stangensellerie geschnitten, Gurken in Scheiben, Tomaten in Schnitzen, mit ausgekühltem Gemüse, alles gemeinsam zur Sauce dazu geben. Alles umrühren und abschmecken.

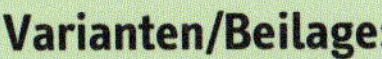

Varianten/Beilage:
Dazu könnt ihr gekaufte Fladenbrote oder selbst gebackenes Stockbrot einplanen. Auf ein Salatbuffet passt der Hirtensalat natürlich auch. Dann müsst ihr die Mengen entsprechend anpassen! Es schmeckt auch mit festem Schafskäse statt Feta.

1958 **Meute Bundschuh, Stamm Edelweißpiraten "Feuertag", Ravensburg** | Fotos: Hexe

Kräuterquark

Zutaten	4 Personen	50 Personen
Kräuterquark zu Pellkartoffeln		
Quark (kg)	0,10	1,25
Joghurt (kg)	0,05	0,62
Sauerrahm/ Crème fraîche (l)	0,05	0,62
Frische Kräuter (Kl)	2	25
oder Kräuter aus Glas (El)	1	12,5
Salz, Kräutersalz, Pfeffer evtl. Kräuterquarksalz		

Vorbereitung:

1. Kräuter selbst sammeln und gut waschen. Aufpassen, wo ihr sie sammelt. (Siehe Übersichtsseite)

Arbeitsschritte Kräuterquark herstellen

1. Kräuter fein hacken.
2. Alle Zutaten in eine Schüssel geben und gut durcheinander mischen.
3. Mit Pfeffer, Kräutersalz abschmecken.

Tipp: Wenn's frische Wildkräuter gibt, könnt ihr sie nach Herzenslust dazu geben, (siehe Wildkräuterliste). Gut gewaschen natürlich. Gänseblümchen und Veilchen sehen sehr dekorativ aus ...

Varianten/Beilage:
Klassisch passt der Kräuterquark zu Pellkartoffeln. Ganz gut schmeckt er auch auf Vollkornbrot.

1989 Sommerlager "Indianer", Neckarsteinach | Fotos: Boffel

Kalte Platten / Buffet

2004 **Sommerlager** | Foto: Andi

Für **kalte Platten, ein Buffet** bietet sich das Lagerende an, **dann können viele Reste verwendet werden,** und der Buffetcharakter schafft außerdem eine besondere, festliche Atmosphäre.

Die Mengenangaben pro Person sind schwierig, je nach Auswahl, es ist sehr verschieden, was ihr anbietet. Grobe Anregungen für Mengen pro Person findet ihr im Küchen-Abc. Was kann verwendet werden? Eigentlich alles:

Rohkost:	Gemüse	Karotten, Gurken, Paprika, Kohlrabi als Rohkost Eingelegtes, saure Gurken, evtl. Sauce zum Dippen anbieten Oliven mit Zahnstocher auf Käsewürfel stecken … was euch einfällt…
Sättigend:	Brot	Brot dazu, Butter, oder Baguette, Brötchen, je nach Budget
	Käse	als Würfel, Scheiben oder am Stück
	Wurst	Bierschinken, Schinken, Lyoner, Salami, Schinken, Schinkenwurst (kein Aufschnitt)
Salate:	Blatt- und andere	Reis-, Tomaten-, Nudel-, Kartoffelsalat, grüner Salat … Sauce fürBlattsalate extra stellen
Reste:	Nudeln, Reis, Saucen	angebratene Nudeln, angebratenen Reis, … je nachdem, was übrig ist.
		Saucenreste als Suppe ummodeln.
Dekoration:	Zeltlager:	Kerzen, Blumensträuße, … Buffettisch abdecken, Girlanden, …
	Hüttenlager	evtl. Servietten, Trinkhalme, Tischdecken, …
	Motto	Was passt zu eurem Motto? Ihr könnt auch die Speisen mit phantasievollen Namen auf Fähnchen/Schildchen beschriften.
Dessert:	Kuchen	Wenn ihr einen Backofen habt, könnt ihr natürlich backen.
	Griesskꝋpfli	Wenn ihr eine Kühlmöglichkeit habt, könnt ihr ein Grießköpfli machen.
	…	Was euch einfällt und das Budget erlaubt! Quark/Joghurtspeise, Pudding, …

2009 Hajk auf dem Sommerlager | Foto: Veloce

Lunchpakete

Wenn das Programm es erfordert oder für die Heimreise, kann ein Lunchpaket für ein Picknick mitgegeben werden. Entweder wählt jeder selber aus (viele kleine Vespertüten bereit stellen) oder es wird gruppenweise ausgegeben. Dann holt es der Gruppenleiter ab. Dafür könnt ihr schon ein paar Tage vorher leere Kartons aufheben.

Die mitgegeben Zutaten sollten alle fest sein, nicht vermatschen (Bananen, Pfirsiche etc. sind ungeeignet).
Rechtzeitig genügend Tee vorkochen und zum Abfüllen in die Trinkflaschen Trichter bereitstellen, sonst läuft viel daneben.

Vorschläge für Lunchpakete		pro Person	pro 10 Personen
Brot		2 Brotscheiben (ca. 100g)	1 Laib Brot (1kg-Laib)
Obst, z.B. Äpfel		1 Stück (1 Apfel)	10 Äpfel
Ländjäger		1 Paar	10 Paar (abzgl. Vegis)
Käse		25 g (Vegis: mehr Käse)	250 g (Vegis mehr Käse)
Hartgekochtes Ei		1 hartgekochtes Ei	10 hartgekochte Eier
Rohkost:	(Karotte, Kohlrabi, Gurke, Paprika, diverses anbieten, Reste verwerten ...)	125 g	1,5 kg
Schokolade	(nur dichte, eingeschweißte Packungen ohne Alu, keine exotischen Sorten kaufen)	1/2 Tafel	5 Tafeln
Tee	(In Trinkflaschen keine Milch/Kaba mitgeben, sie werden nur schlecht wieder sauber).	0,75 - 1 Liter	8 - 10 Liter

2011 Sommerlager "Wilder Westen", Wangen/Allgäu | Foto: Andi

SUPPEN

Alle Suppen sind so berechnet, dass die Mengen zum Altersdurchschnitt unserer Lager passen (also von 6 bis Mitte 20),
und dass es noch etwas dazu gibt wie z.B eine Scheibe Brot, evtl. einen Salat vorneweg und eine leckere Nachspeise hinterher.
Dann reichen die 250 ml pro Person gut aus.

Kocht ihr eine Suppe nur für Erwachsene als Hauptgericht ohne etwas dazu,
z.B. wenn ihr unterwegs seid, könnt ihr die Grundmenge Flüssigkeit für 4 Personen von 1 Liter auf 1,5 Liter erhöhen,
bzw. 0,4-0,5l/Person rechnen.

für kühle Tage

2009 Sommerlager "Märchenwald", Bichishausen | Fotos: Paul

Maissuppe

Zutaten	4 Personen	50 Personen
Innerschwizer Chässuppe		
Brühe für ... Liter	1	12,5
Wasser (l)	1	12,5
Maisgrieß (kg)	0,06	0,75
Sahne/Milch (halb halb) (l) max.	0,80	10
Geriebener (Berg-)Käse (kg)	0,02	0,3
Schnittlauch (Bund)	0,5	6,25
Muskat		

Bei knapper Lagerkasse kann man die Sahne durch mehr Brühe reduzieren oder bei vielen Laktose-Unverträglichkeiten der Teilnehmer -L-Sahne verwenden.

Arbeitsschritte Maissuppe

1. Brühe kochen,
2. Topf vom Feuer nehmen.
3. Mais einrühren, mit Schneebesen gut rühren,
4. und wieder aufs Feuer stellen.
   5 Min. köcheln, dann stehen lassen.
   Quillt von alleine weiter auf.

Den geriebenen Käse in Schälchen auf die Tische stellen oder beim Buffet ausgeben.

Tipp:
Nehmt guten Bergkäse,
zu Hause und in kleiner Menge
mag man sich vielleicht auch den
würzigen Gryère/Greyezer leisten!

2009 Sommerlager "Märchenwald", Bichishausen | Foto: Tabaluga

Tomatensuppe à la Uli

Zutaten	4 Personen	50 Personen
Tomatensuppe		
Brühe für ... Liter	1	12,5
Wasser (l)	0,50	6,25
Dosentomaten (stückig) (kg)	0,50	6,25
Tomatenmark (kg)	0,05	0,62
Zwiebeln (kg)	0,05	0,6
kleine Knoblauchzehen (Stck.)	1,00	12,5
Fett (kg)	0,01	0,125
Kräuter der Provence		
evtl. Mondamin (kg)	0,02	0,25
Zucker (kg)	0,005	0,06
evtl. Sahne, Crème fraîche		
evtl. Karotten (kg)	0,15	1,88

Ihr könnt entweder nur Tomaten verwenden, dann benötigt ihr 1 kg (Füllgewicht) für 4 Portionen. Hier im Rezept ist die Menge mit Wasser etwas gestreckt, und dann mit Mondamin abgebunden.

Wenn ihr mögt, könnt ihr die Suppe mit einem Pürierstab auch fein pürieren.

Habt ihr keine Karotten, benötigt ihr etwas mehr Zucker.

Croûtons		
(Weiß-)brotscheiben (Stck.)	0,08	1
Knoblauch (Zehen)	0,50	6,25
Fett (kg)	0,02	0,19

Vorbereitung:

Zwiebeln/Knoblauch schälen.

Abfallin den Kompost, Brettchen putzen.

Arbeitsschritte:

1. Zwiebeln/Knoblauch sehr fein schneiden.
2. Fett in der Pfanne schmelzen lassen, klein gewürfelte Zwiebeln glasig andünsten.
3. Mit Wasser und Brühepulver ablöschen, Tomatendosen und Tomatenmark beigeben.
4. Alles zusammen mind. 15 Min. köcheln lassen, dann die Kräuter zugeben.
5. Wenn die Suppe zu flüssig ist, mischt ihr das Mondamin mit etwas kaltem Wasser an, dann dazugeben und gut rühren. Nochmals 5 Min. köcheln.
6. Probieren und mit Salz, Pfeffer, Brühe evtl. abschmecken. Wenn ihr wollt, könnt ihr die Suppe mit etwas Sahne/Crème fraîche abrunden.

Topping:
Bei einem privaten Essen in kleinerer Runde könnt ihr einen Klecks Crème fraîche auf jeden Teller geben. Ein Basilikumblatt als Zierde passt dann gut dazu ...

Croûtons herstellen

1. (Weiß-)brotscheiben in kleine Würfel schneiden.
2. Knoblauch im Fett anbraten,
3. in das aromatisierte Fett die Brotwürfel geben und goldgelb anbraten.

Varianten/Beilage:
Manche geben in eine Tomatensuppe noch Reis (Reste) als Suppeneinlage. Natürlich passen auch mehr Karotten dazu, das macht es milder, dann evtl. die Suppe mit dem Pürierstab pürieren (Stromanschluss!).

2010 Herbstlager Edelweißpiraten "Weltreise", Elm/CH | Foto: Hexe

Brotsuppe

Zutaten

	4 Personen	50 Personen
Brotsuppe		
Brühepulver für ... Liter	1	12,5
Wasser (l)	1	12,5
Brot, getrocknetes (kg)	0,80	10
Schnittlauch, Bund	0,50	4
Pfeffer		

Arbeitsschritte Brotsuppe

1. Altes Brot in Würfel schneiden, brechen.
2. Topf mit Brühe und Brotwürfeln aufsetzen,
   kochen bis das Brot weich ist.
   Solange den Schnittlauch fein schneiden.
3. Suppe mit dem Schneebesen kräftig durchrühren.
4. Schnittlauch dazu geben.
   Wer mag, kann etwas Sahne beigeben.
   Mit Salz undPfeffer abschmecken.
4. Wenn ihr mögt, könnt ihr auch noch geriebenen Käse
   dazu anbieten.

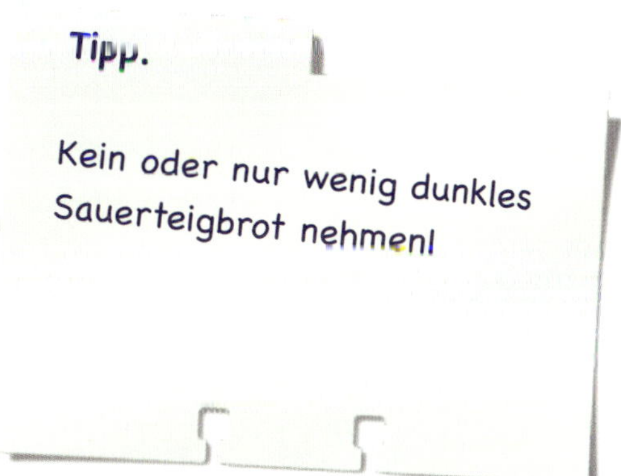

Varianten/Beilage:
Ihr könnt auch Muskat oder Käse beigeben. Man kann das Brot für die Suppe noch in Fett anrösten, bevor es in die Brühe kommt. ebenso kann man eine kleine Zwiebel fein schneiden und mit andünsten. Manche würzen sie mit Kümmel.

2004 **Bundessommerlager "Forscher", Ochsenhausen** | Foto: Andi

Gemüsesuppe

Zutaten	4 Personen	50 Personen
Gemüsesuppe		
Brühepulver für ... Liter Brühe	1	12,5
Wasser (l)	1	12,5
Zwiebeln (kg)	0,05	0,6
Knoblauch (Zehen)	0,50	4
Sellerie (kg)	0,30	3,75
Karotten (kg)	0,30	3,75
Lauch (kg)	0,30	3,75
Kartoffelwürfel (kg)	0,50	4
Fett (kg)	0,02	4
Petersilie, Schnittlauch		
Croûtons		
(Weiß-)brotscheiben	0,08	1
evtl. Knoblauch (Zehe)	0,50	6,25
Fett (Butaris)	0,02	0,19

Anleitung für den Küchendienst:
Schneidet das Gemüse immer so fein,
wie ihr es auch auf eurem Löffel vorfinden wollt!

Arbeitsschritte Gemüsesuppe

1. Gemüse waschen, putzen, schälen ...
2. Abfall entsorgen. Dann Gemüse klein schneiden (Zwiebeln in kleine Würfel, Knoblauch fein schneiden oder pressen, Lauch in Ringel, Karotten in Scheiben und Sellerie in feine Würfel, Kartoffeln auch in Würfel.
3. Zwiebeln, Knoblauch im Fett andünsten, dann das Gemüse dazu (erst Sellerie, Karotten und später den Lauch), alles weiter dünsten.
4. Mit der Brühe aufgießen. 15 bis 20 Min. köcheln lassen, probieren!

Croûtons herstellen

1. Knoblauch schälen, Abfall entsorgen. (Weiß-)brotscheiben in kleine Würfel schneiden.
2. Evtl. Knoblauch (ganz oder gepresst) im Fett kurz andünsten,
3. in das aromatisierte Fett die Brotwürfel geben und goldgelb anbraten.

Varianten/Beilage:
Ihr könnt auch anderes Gemüse dazugeben, z.B. Tomaten, Zucchini, Auberginen, Paprika, jegliche Kohlarten, ...
Wenn ihr keine Vegis dabei habt, könnt ihr auch evtl. Suppenknochen mitkochen oder Speckwürfel anbraten.
Ihr könnt sie auch als Minestrone abwandeln, und statt der Kartoffel auch Teigwaren oder Reis beigeben und einen Löffel Tomatenpürrée.

2003 Stammesgroßfahrt Edelweißpiraten "Olympia", Valle Maira/Italien | Fotos: li Seite Moritz, re. Seite Andi

Hafersuppe

Zutaten	4 Personen	50 Personen
Hafersuppe		
Brühepulver für ... Liter	1	12,5
Wasser (l)	1	12,5
Haferflocken	0,06	0,75

Arbeitsschritte Hafersuppe

1. Topf mit Brühe und Haferflocken aufsetzen, ca. 1 Std. köcheln lassen, zwischendurch umrühren. Vorsicht, nur wenig Hitze, denn es kocht leicht über.
2. Mit Pfeffer & Salz abschmecken.

Tipp: Diese Suppe eignet sich hervorragend, wenn jemand Bauchweh hat/hatte.

Zu dieser Suppe gibt es eine Anekdote:

Einmal musste das halbe Lager in Italien (nicht 2003, wie die nebenstehenden Fotos) nach Mitternacht erbrechen.
Alle Hausmittel halfen nichts mehr, wir mussten mit einigen ins Krankenhaus. Vermutlich kam die Übelkeit vom Wasser, denn unsere Speisereste wurden untersucht und waren ok.
Als die Erkrankten dann zurück aufs Lager kamen, wollten sie etwas essen und waren so froh und mochten die Hafersuppe sehr gern.

Auf dem nächsten Lager fragten alle,
„Gisl, machst Du wieder die leckere Suppe?"

Varianten/Beilage:
Man kann etwas Gemüse andünsten und dazu geben, Lauch passt z.B. sehr gut.

2004 1. Platz beim Hamburger Singewettstreit "Schwabentango", "Nachtlied", Stamm Edelweißpiraten | Fotos: Andi

Kürbissuppe

Zutaten	4 Personen	50 Personen
Kürbissuppe		
Brühepulver für ... Liter	1	12,5
Wasser (l)	0,50	6,25
Brühe (Weißwein*-Riesling) (l)	0,50	6,25
Kürbis (kg)	0,75	9,38
Kartoffeln (kg)	0,25	3,13
Fett (kg)	0,02	0,25
Sahne (kg)	0,20	2,5
Kräuter, z.B. Dill		

*Hinweis "Alkohol in der Küche", siehe Seite 27

Croûtons		
(Weiß-)brotscheiben	0,08	1
Knoblauch (Zehe)	0,50	6,25
Fett (kg)	0,02	0,19

Vorbereitung:

Zwiebeln schälen, Kompost wegräumen.
Kürbis waschen. Kartoffeln waschen.

Arbeitsschritte Kürbissuppe

1. Kürbis waschen, aufschneiden, Kerne entfernen.
   Hokaido mit Schale schneiden, Butternut u.a. bitte schälen.
2. Zwiebeln klein schneiden.
   Kartoffeln schälen, Kompost wegräumen,
   und Kartoffeln klein schneiden.
3. Fett im Topf erhitzen,
   Zwiebeln glasig andünsten.
   Kürbis dazugeben, mitdünsten.
4. Mit Wasser (Weißwein*) aufgießen, Brühepulver dazu.
   Kartoffeln beigeben
   und bei mittlerer Hitze mind. 20 Min. köcheln lassen
5. Evtl. mit dem Pürierstab pürieren.
6. Sahne dazu geben.
7. Mit Salz und Pfeffer abschmecken.
   Kräuter evtl. beigeben, Dill passt gut oder Thymian.

Varianten/Beilage:
Kürbis ist sehr in Mode, so gibt es unzählige leckere Rezeptvarianten mit oder ohne Kartoffel, mit Curry, Ingwer oder Kokusnuss, Äpfel oder Rosinen ... Croûtons passen wie bei fast allen Suppen bestens dazu (Anleitung siehe Gemüse-/Tomatensuppe).

2009 Sommerlager "Märchenwald", Bichishausen | Fotos: Tabaluga

Nudelsuppe

Zutaten	4 Personen	50 Personen
Nudelsuppe		
Brühepulver für ... Liter	1	12,5
Wasser (l)	1	12,5
Suppennudeln (kg)	0,08	1
Backerbsen (kg)	0,20	2,5

Ihr könnt an dieser Stelle auch gut Dinkelnudeln für alle nehmen, dann müsst ihr nicht extra für die Weizenallergiker kochen.

Arbeitsschritte Nudelsuppe

1. Wasser aufsetzen.
2. Wenn das Wasser kocht, die Nudeln beigeben.
   Dann das Brühepulver.
3. Nach Packungsangabe köcheln lassen, meist ca. 10 Min.
   Evtl. mit Schnittlauch verfeinern.
4. Backerbsen bei der Ausgabe anbieten.

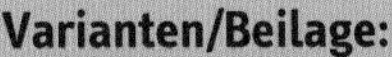

Varianten/Beilage:
Ihr könnt auch Gemüse (Karotten, Lauch, Zwiebeln, Kartoffelwürfel) beigeben, dann die Nudelmenge reduzieren.

2000 Herbstlager Meute Bundschuh, Mels/CH | Fotos: Hexe

SÜSSE HAUPTMAHL-ZEITEN

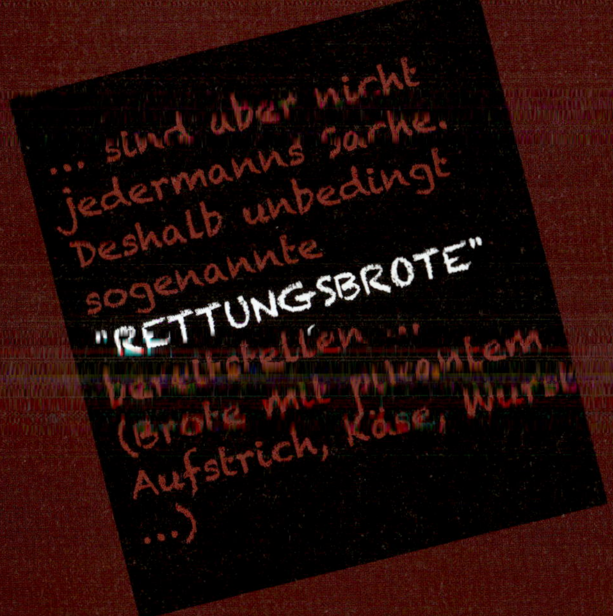

lieben nicht nur die Wölflinge

2009 Sommerlager "Märchenwald", Bichishausen | Foto: Hexe

Milchreis

Zutaten	4 Pers.	50 Pers.
Milchreis		
halb Milch/halbWasser (l)	1	12,5
Salz (g)*	5	20
Zucker (g)	20	250
Margarine (kg) oder Butter	0,02	0,18
Rundkornreis (kg)	0,25	3,125
Zucker (kg) für Zimtzucker	0,08	1
Zimt (g)	4	50
Dosenobst (Einwaage) (kg) ca.	0,75	9,38
evtl. kalte Milch als Beilage	0,50	6,25

für 4-10 Personen ca. 5 g Salz,
für weitere 10 Pers. max 5 g mehr (unbedingt probieren)

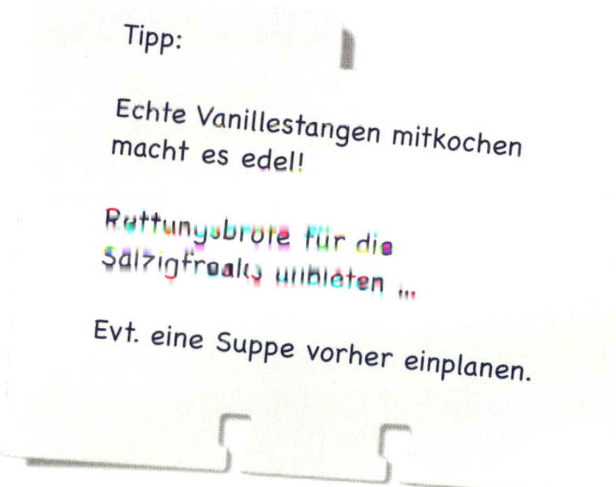

Arbeitsschritte Milchreis kochen:
[Mind. 1 Std. vor dem Essen aufsetzen]

1. Milch mit Salz, Zucker, Margarine und Reis in einen Topf geben.
   Unter gelegentlichem Rühren zum Kochen bringen, nicht überkochen lassen!
2. Feuer klein stellen und 5-15 Min. unter Rühren weiter köcheln,
3. Dann im Wasserbad ausquellen lassen.
   D.h. den Reistopf in einen größeren Topf, in dem heißes Wasser ist, stellen.
   Auf kleiner Flamme stehen lassen.

   Wenn Ihr einen großen, mit Wasserdampf geheizten Kessel habt, ist das Ganze einfacher: Einfach darin aufkochen und ganz klein stellen, immer mal rühren.

3. Zimt und Zucker verrühren und beim Ausgeben oder am Tisch dazu reichen.
4. Ebenso Apfelmus oder Kompott.

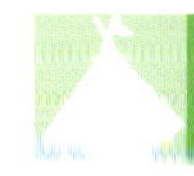

Beilage:
Dosenobst (Apikose/Pfirsich) ist dazu sehr lecker, evtl. etwas kalte Milch zum Drübergießen auf den Teller.

2009 Pfingstlager "3-Bünde-Lager Avalon", Schwäbisch Hall | Fotos: Tabaluga

Fotzelschnitten (Arme Ritter)

Zutaten	4 Pers.	50 Pers.
Fotzelschnitten / Arme Ritter		
Milch (l)	0,30	3,75
(Toast-)brot (kg)	0,40	5
Eier (Stck.)	3	37,5
Salz, max. (g)	1	12,5
Fett (kg)	0,06	0,75
Zimtzucker (kg)	0,05	0,625
Apfelmus (kg)	0,50	6,25

Ihr könnt mit diesem Gericht am Lagerende alte Brotreste aufbrauchen, z.B. als Nachtisch, wenn ihr pro Person 1 Scheibe noch übrig habt. Es geht Weißbrot wie heller Mischbrot, nur allzu viel Sauerteiganteil sollte es nicht haben.

Oder ihr plant die Fotzelschnitten von vorne herein ein, dann bieten sich fertig geschnittene Toastbrotscheiben an.

Arbeitsschritte Fotzelschnitten braten:
[Bei großer Menge 2 Std. vor dem Essen]

1. Brot falls nötig in Scheiben schneiden.
2. Eine Schale mit Milch bereitstellen.
3. Eier in 2. Schüssel aufschlagen und verquirlen.
4. Fett im Bräter erwärmen.
5. Jede Brotscheibe erst kurz durch die Milch ziehen,
   dann im Ei wenden,
   dann in die Pfanne/den Bräter.
6. Im heißen Fett von beiden Seiten goldbraun anbraten und in einer Schüssel/flachen Pfanne sammeln.
   Sie müssen nicht unbedingt heiß bleiben.

Organisation: mindestens 4 Pfadis, die zusammen arbeiten:
2 Personen zum Backen,
2-3 Personen zum "Zudienen"
Wenn die zu "bekochende Gruppe" sehr groß ist (mehr als 50 Personen) solltet ihr eine Austauschmannschaft bereitstellen!!

7. Zimtzucker erst bei der Ausgabe pro Teller darüber streuen.

Beilage:
Dosenobst (Aprikosen, Pfirsiche), Apfelmus ist sehr lecker.

2013 **Gruppenstunde am Pfadiheim Stamm Edelweißpiraten, Ravensburg** | Foto: Hexe

Dampfnudeln

Zutaten	4 Pers.	50 Pers.
Dampfnudeln		
Mehl (kg)	0,50	6,25
Salz (g)	4	50
Zucker (kg)	0,12	1,5
Butter (kg)	0,05	0,62
Hefe (kg)	0,02	0,25
Milch, lauwarm (l)	0,35	4,37
Guss		
Milch (l)	0,20	2,5
Zucker (kg)	0,015	0,190
Butter (kg)	[illegible]	[illegible]

Tipps zum Teigkneten siehe auch unter
-> Frühstück -> Zopfbrot
und unter -> Hauptgerichte -> Hefeteig

Vorbereitung: [3 Std. vor dem Essen beginnen]
Milch lauwarm erhitzen, nicht heiß (!),
Mehl in eine große Schüssel geben und eine Mulde in die Mitte drücken. Hefe zerbröseln und mit etwas Zucker und etwas von der lauwarmen Milch in die Mulde geben und mit etwas Mehl verrühren.
Zugedeckt 15 Minuten stehen lassen (Vorteig).
Backform mit Butter ausstreichen.

Arbeitsschritte: Hefeteig und Dampfnudeln formen

1. Salz, Butter, restl. lauwarme Milch dazugeben
2. Nun alles zu einem geschmeidigen Hefeteig kneten.
3. Kugeln (5 [illegible] cm) formen und in einer [illegible] Form mindestens 30 Minuten gehen lassen.

Guss herstellen und Dampfnudeln backen

1. Milch, Zucker und Butter in einem Topf erwärmen.
2. Lauwarm über die Dampfnudeln gießen, nicht zu heiß (!) und dann 20 Min. gehen lassen.
3. Dampfnudeln in den kalten Backofen stellen, 30 bis 40 Minuten bei 150-180 °C backen.

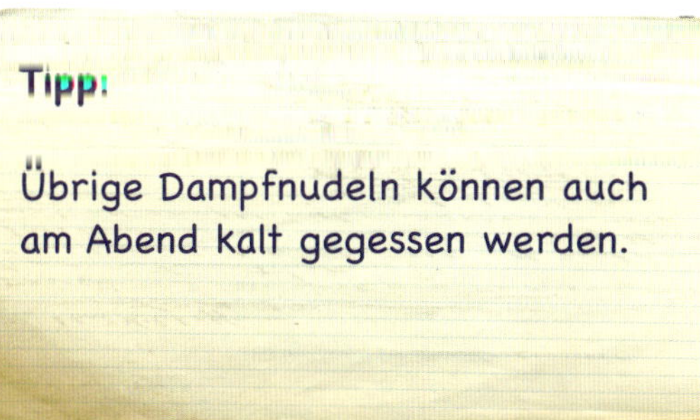

Beilage:
Am besten schmeckten sie mit Vanillesauce. Entweder aus dem Päckchen oder selbst hergestellt (siehe Seite 155).
Auch ein Obstsalat schmeckt hervorragend dazu.

2012 Stammesroßfahrt "Ralien" Italien | Fotos: Lisa

Kaiserschmarren

Zutaten	4 Pers.	50 Pers.
Kaiserschmarren		
Butter/Margarine (kg)	0,01	0,07
Eigelb (Stck.)	5	62,5
Eiweiß (Stck.)	5	62,5
Zucker (kg)	0,08	1
Mehl (kg)	0,25	3,12
Milch (l)	0,125	1,56
Salz (g)	1	12,5
Schale von ... Zitronen (Stck.)*	0,20	2,5
Rosinen (kg)	0,10	1,25
Backfett (kg)	0,01	0,15
Puderzucker (kg)	0,01	0,12
Apfelmus / Kompott (kg)	0,80	10

* Zitronenschalen bei kleinen Mengen evtl. etwas erhöhen.
Unbedingt auf unbehandelte Schale (Bioqualität) achten!

Tipp:
Nicht alle Kinder mögen Rosinen, deswegen bereitet eine Hälfte mit Rosinen, eine Hälfte ohne zu!

Vorbereitung: [Bei großer Menge 2 Std. vor Essen beginnen]
Eier einzeln aufschlagen und Eiweiß vom Eigelb trennen. Aufpassen, dass kein Eigelb ins Eiweiß kommt, sonst wird es nachher nicht steif! Eiweiß immer erst in kleine Schälchen trennen, dann einzeln in einer Schüssel sammeln. Falls mal ein Eiweiß Gelb enthält, dieses zum Eigelb geben.

Rosinen mind. eine halbe Stunde vorher in Wasser einlegen.

Arbeitsschritte:

1. Butter/Margarine schmelzen lassen, Vorsicht, nicht zu heiß machen
2. Eiweiß sehr steif schlagen (Schüssel groß genug wählen).
3. Eigelb mit Zucker ebenfalls in einer großen Schüssel schaumig rühren, bis die Masse hellgelb und schaumig wird.
4. Nach und nach in die gelbe Eiermasse vorsichtig Mehl, Milch, zerlassene Margarine, Salz und Zitronenschale darunter mischen.
5. Eischnee sehr vorsichtig unterheben.
6. Teig in die Pfanne (oder Bräter) ca. 1 cm hoch mit reichlich heißem Fett geben, leicht anbacken lassen, bis er stockt und von unten goldgelb bräunt
7. Den Schmarren mit zwei Gabeln in Stücke zerreißen und von allen Seiten goldgelb backen.
8. Evtl. mit etwas Zucker bestreuen, karamellisieren lassen.
9. Heiß servieren, auf dem Teller mit etwas Puderzucker bestreuen.

Beilage/Variante:
Kompott (oder Apfelmus), Zimtzucker (Mengen/Zubereitung siehe Milchreis).
Rosinen können auch in Rum* eingeweicht werden, ***Hinweis "Alkohol in der Küche", siehe Seite 27***

1988 Sommerlager "Steinzeit"... "Lenzhof Diegten, Basel/CH | Diverse Lagerbacköfen aus den 90-ger Jahren |
Foto rechte Seite: oben Hexe, MitteChristoph, unten Fotos linke Seite: oben/unten: Boffel, Mitte: Christoph

DESSERTS & KUCHEN

Tröschterli gegen Heimweh & andere Sorgen!

2002 Stammespfingstlager mit Elternabend | Foto: Stammesarchiv N.N.

Drei Mal Apfelmus

Zutaten

	4 Personen	50 Personen
I. Rohes Apfelmus		
Äpfel (kg)	0,8	10
Zucker (kg)	0,09	1,12
Abger. Schale von ... Zitronen	0,5	5
Saft von ... Zitronen	0,5	5
Sahne (kg) (1 Becher – 200g)	0,2	2,5

II. Apfelmus mit Schlagrahm		
Apfelmus (kg)	0,8	10
Schlagsahne (kg)	0,2	2,5
Zimt (Prise)	1	12,5

III. Überbackenes Apfelmus
Apfelmus selbst herstellen

Apfelmus (kg)	1	12,5
Wasser, Apfelsaft (l)	0,25	3,12
Zucker (kg)	0,03	0,38

Baiserhaube zum Überbacken

Eiweiss (Stck.)	2	25
Zucker (kg)	0,1	1,25
Mandeln, gehobelte (kg)	0,005	0,06

Für kleine Mengen:
1 gestr. El Zucker entspricht ca. 15 g bzw. 0,015 kg
1 gestr. EL Mandeln entspricht ca. 5g bzw 0,005 kg

I. Arbeitsschritte rohes Apfelmus:

1. Zucker, abgeriebene Zitronenschale und den Zitronensaft zusammen verrühren.
2. Die Äpfel in den Zitronensaft fein reiben. Nach jedem Apfel gut umrühreren, so werden sie nicht braun.
3. Gut umrühren, so werden sie nicht braun.
4. Die Sahne steif schlagen und unterheben.

II. Arbeitsschritte Apfelmus mit Schlagrahm:

1. Sahne steif schlagen.
2. Apfelmus (fertiges oder selbst hergestelltes, siehe III.) vorsichtig mit der Sahne vermischen.
3. Mit etwas Zimt verfeinern.

III. Frisches Apfelmus herstellen

1. Äpfel waschen, schälen, Kerngehäuse entfernen und in Hälften schneiden.
2. Im Wasser/Saft kochen, bis sie weich sind.
3. Durch ein Sieb oder Passe-vite (Flotte Lotte) streichen.

Apfelmus überbacken

4. Dann eine ofenfeste Form mit Butter einfetten und das Apfelmus hinein geben.
5. Das Eiweiß zu sehr steifem Eischnee schlagen, den Zucker dazu geben und weiter schlagen, bis er sich aufgelöst hat. Die Masse über das Apfelmus streichen und mit gehobelten Mandeln bestreuen.
6. Im vorgeheizten Ofen bei 180°C Ober-/Unterhitze ca. 20 Min backen, bis die Baiserhaube anbräunt.

Beilage/passende Gerichte:
Einfaches Apfelmus (III. Arbeitsschritte 1 bis 3) passt zu Älpler Makkaroni, Kaiserschmarren u.s.w.

2010 **Stammesherbstlager Edelweißpiraten "Weltreise", Elm/CH** | Foto: Hexe

Gefüllte Bratäpfel

Zutaten	4 Pers.	50 Pers.
Bratäpfel		
mittelgroße Äpfel (Stck.)	8,00	100
gemahl. Mandeln / Nüsse (kg)	0,10	1,25
Saft und Schale (Stck.) unbehandelter Zitrone*	0,20	2,5
Sahne/Milch (l)	0,045	0,56
Apfelsaft oder Orangensaft (l)	0,25	3,125
Zimtstange (Stck.)	1,00	2

*Zitronenschalen bei kleinen Mengen etwas erhöhen. Unbedingt auf unbehandelte Schale (Bioqualität) achten!

Für kleine Mengen:

1 gestr. El Sahne/Milch entspricht ca. 15 ml bzw. 0,015 l

Vorbereitung:
Äpfel waschen. Back- oder Auflaufform einfetten.
Backofen vorheizen auf 180/200°C Ober-/Unterhitze.

Arbeitsschritte:

1. Stiel und Blütenansatz ausschneiden, Kerngehäuse vom Blütenansatz her ausschneiden.
2. Äpfel in ausgebutterte, ofenfeste Form stellen.
3. Nüsse, Zucker, Zitrone und Sahne/Milch mischen, diese Masse in die Äpfel füllen. Aufpassen, dass die Füllung nicht zu dünnflüssig ist, die Milch nach und nach zugeben.
4. Apfelsaft in die Form gießen, Zimtstange dazu geben.
5. Ca. 3/4 - 1 Stunde im Backofen bei 180 bis 200 °C Ober-/Unterhitze backen.

6. Heiß servieren und frischer Vanillesauce dazu anbieten.

Tipp:
Bratäpfel schmecken auch kalt gut.
Vielleicht mögt ihr sie dann mit Schlagsahne verfeinern?

Bratäpfel lassen sich für Erwachsene auch flambieren:
50 ml Obstler oder Williams in einen flachen Topf geben und auf dem Herd erwärmen, (nicht zu heiß, sonst gibt es eine Stichflamme!) dann den Alkohol anzünden und brennend am Tisch über die Äpfel gießen.
Hinweis zu "Alkohol in der Küche", siehe Seite 27

Beilage:
Am besten schmecken sie mit Vanillesauce (siehe folgende Seite).

2003 Stammesgroßfahrt Edelweißpiraten "Olympia", Italien | Fotos: Andi

Vanillesauce (frische)

Zutaten	4 Pers.	50 Pers.
Vanillesauce		
Milch (l)	1	12,5
Vanillestange (Stck.)*	1	2
Eier (Stck.)	3	37,5
Zucker (kg)	0,05	0,5625
Mondamin/Maizena (EL)	2,00	25
Sahne	0,15	1,875
evtl. etwas kalte Milch		

* 1 Vanillestangen für 4-10 Personen,
für weitere 15 Pers. ca. 1 Stck. mehr.

Vanillestangen können mehrmals verwendet werden: abspühlen, trocknen und wiederverwenden. Man kann sie dann auch in ein Vorratsglas mit Zucker geben. Dieser nimmt das Vanillearoma an und ihr habt eigenen Vanillezucker.

Eier bei einem vertrauenswürdigen Händler oder besser direkt beim Bauern, den ihr kennt, beziehen.
Auf Zeltlagern lieber Fertigsauce verwenden.

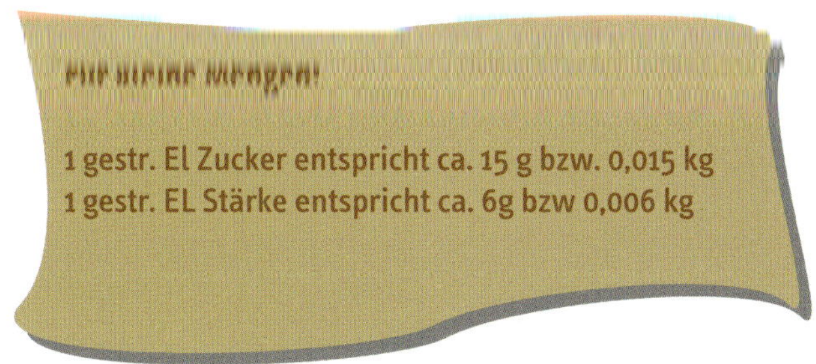

Arbeitsschritte:

1. Einen Topf halb mit Wasser füllen, darauf eine Schüssel stellen, in die Schüssel kommen 2/3 des Zuckers und die Eier (Wasserbad).
2. Das Wasser fast zum Kochen bringen und die Eier mit dem Zucker schaumig rühren.
   Die Masse wird fast weiß und schön dicklich.
   Parallel kommt die Milch in einen Topf mit dickem Boden.
3. Die Vanillestange wird der Länge nach aufgeschnitten, die Kerne herausgekratzt und mit der Schale zur Milch gegeben, die Milch zum Kochen bringen.
4. Die Vanillestangen aus der Milch heraus nehmen.
   Das Mondamin mit wenig kalter Milch anrühren und in die kochende Milch einlaufen lassen
   Auf kleinem Feuer drei Minuten weiter köcheln.
5. Jetzt unter Rühren die kochende Milch zur aufgeschlagenen Eiermasse gießen
6. Das Ganze nochmals zurück in den Topf und bis kurz vor dem Kochen erhitzen (damit die Eier nicht roh bleiben).
7. Den restliche Zucker über die fertige Sauce streuen, damit sich keine Haut bildet, abgedeckt kalt stellen.
8. Nach dem Erkalten umrühren und mit Sahne und/oder Milch die gewünschte "Dicke" herstellen (evtl. auch mit Schlagsahne/geschlagener Sahne).

Grundsätzlicher Tipp zum Saucen andicken:
5 Einheiten auf 1 Liter Flüssigkeit, z.B. Milch,
1 Einheit ist 1 Ei oder 1 Esslöffel Mondamin.

Beilage:
Die Vanillesauce passt hervorragend zu Bratäpfeln, Dampfnudeln

2013 Bei Gisl zu Hause in Weingarten "Grieß-Köpfli" | Foto: Hexe

Grieß-Köpfli

Zutaten	4 Pers.	50 Pers.
Grieß-Köpfli		
Grieß (kg)	0,15	1,875
Zucker (kg)	0,04	0,5
Sultaninen (EL)	3	37,5
Eier (Eigelb + Eiweiß) (Stck.)	3	37,5
Milch (l)	1	12,5
Zitronenschale (von ... Zitronen)	0,20	2,5
Prise Salz		
Verschiedener Sirup, gesamt (l)	0,050	0,625

Achtung, wenn ihr ROHE EIER verwendet:
Kühlkette muss erhalten werden, nur bei bester Kühlmöglichkeit zubereiten und aufbewahren! Ansonsten besteht Salmonellengefahr.

Vorbereitung:
Eier einzeln aufschlagen und Eiweiß vom Eigelb trennen. Aufpassen, dass kein Eigelb ins Eiweiß kommt, sonst wird es nachher nicht steif!
Eiweiß immer erst in kleinen Schälchen trennen, dann einzeln in einer Schüssel sammeln. Falls mal ein Eiweiß Gelb enthält, zum Eigelb geben.

Arbeitsschritte:

1. Milch auf kleiner Stufe zum Kochen bringen.
2. Den Grieß unter Rühren dazugeben.
   Auf kleiner Flamme 3-5 Min. kochen.
3. Eine Prise Salz und die Zitronenschale hinein geben.
4. Den Zucker und danach falls gewünscht die Sultaninen beifügen.
5. Eigelb dazu geben und gut rühren.
6. Eiweiß steif schlagen und ebenfalls unterheben.
7. Den Grießbrei in eine kalt ausgespülte Form geben und kalt stellen.
8. Zum Servieren auf einen Teller, eine Platte stürzen.
   Evtl. am Rand mit Messer vorher lösen.

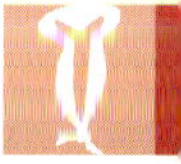

Beilage:
Ihr könnt Sirup oder Früchtekompott dazu servieren. Wer keine Rosinen mag, lässt sie einfach weg, dann etwas mehr süßen.

2013 Pfingstlager, Langensteinbach | Foto: Stammesarchiv N.N.

Rüeblitorte / Kartoffeltorte

Zutaten	Mengen pro Kuchen		
	1	2	5
Rüebelitote			
Eigelb (Stck.)	5	10,00	25
Zucker (kg)	0,2	0,40	1
Haselnüsse (kg)	0,2	0,40	1
Karotten (kg)	0,2	0,40	1
Mehl (kg)	0,1	0,20	0,5
Eischnee (Stck)	5	10,00	25
Zitronenschale + Saft	0,5	1,00	2,5
Backpulver (Kl)	0,5	1,00	25,00
Salz (Prise)	0,5	1,00	[illegible]
Kartoffeltorte			
Eigelb	7	14,00	35
Zucker (kg)	0,3	0,60	1,5
Haselnüsse (kg)	0,2	0,40	1
halbmehlige Pellkartoffeln vom Vortag (kg)	0,35	0,70	1,75
Eischnee (Stck.)	3,5	7,00	17,5
Zitronenschale + Saft	0,5	1,00	2,5
Salz (Prise)	0,5	1,00	17,50
Glasur			
Puderzucker	0,25	0,50	1,25
Zitronensaft (EL)	1	2,00	5
Eiweiß (EL)	0,5	1,00	2,5
Kakaopulver (Msp.)	0,5	1,00	2,5

Vorbereitung:

Die Kartoffeln für die Kartoffeltorte sollen am Vortag zu Pellkartoffeln abgekocht werden.
Backofen 10 Min. vorheizen auf 150-180 °C (Ober-/Unterhitze).

Arbeitsschritte:

1. Eier trennen.
2. Eigelb mit Zucker schaumig rühren, Zitronenschale dazu geben.
3. Haselnüsse, geriebene, rohe Karotten bzw. Kartoffeln gut miteinanader vermischen.

(4: Rübelitorte: Mehl mit Backpulver darüber sieben, dann leicht unterheben.)

5. Eiweiß zu Eischnee schlagen und unterheben.
6. Backform mit Backpapier am Boden auslegen, Füllung eingießen.
7. Ca 60 bis 90 Min. bei 150-180°C Ober-/Unterhitze im vorgeheizten Backofen backen.

Glasur:

1. Puderzucker, Zitronensaft und Eiweiß verrühren.
2. Bis auf einen kleinen Rest, den Kuchen damit bestreichen, den kleinen Rest Guss mit Kakaopulver verrühren, mit der Spritztüte Linien/Muster aufspritzen, evtl. mit der Gabel "marmorieren"/verziehen

Beilage:
Die beiden Torten passen gut zusammen, sie können sich also gegenseitig begleiten ...

2013 Pfingstlager, Langensteinbach | Fotos: Stucki

Wähe-Teig

Zutaten	Mengen pro Blech		
	1	2	5
Wähe			
Mehl (kg)	0,3	0,60	1,5
Butter	0,15	0,30	0,75
Salz (g)	4	8	20
Wasser (l)	0,3	0,60	1,5
Essig (EL)	1	2	5
Guss			
Eier	3	6	15
Zucker (g)	30	60	150
Sahne	0,25	0,50	1,25
Salz (Prise)	1	2	5
Belagideen, süß			
Haselnüsse (immer drunter)	0,06	0,13	0,31
Aprikosen (kg)	0,75	1,50	3,75
Äpfel (kg)	1	2	5
Kirschen (kg)	0,75	1,50	3,75
Zwetschgen (kg)	0,75	1,50	3,75
Rhabarber	0,5	1	2,5
Zucker (g)	30	60	150
Belagideen, salzig			
Spinat, Brennesseln (kg) oder Lauch (evtl. Speckwürfel)	0,5	1	2,5
Käse, würziger (kg)	0,5	1	2,5
Lauch (kg)	0,5	1	2,5

Den Teig kann man gut gekühlt auch einen Tag im Kühlschrank aufheben.

Arbeitsschritte:

1. Butter klein schneiden mit Mehl zu nicht zu feinen Streuseln reiben
2. Kaltes Essig-Wasser dazu geben, Schuss Essig dazu und gut zu einem festen Teig verarbeiten (nicht kneten) Darf nicht mehr klebrig sein.
3. Eine Stunde in Folie gepackt kühl stellen.
4. Backofen vorheizen auf 180°C.
5. Den Teig dünn ausrollen, das Blech mit Fett einreiben und den Teig darauf ausbreiten.
6. Den Boden bei süßem Belag mit Haselnüssen oder Weizengrieß bestreuen, das saugt den Saft auf.
7. Obst darauf legen und schön anordnen.
   Die Wähe in den Ofen, 10-15 Min. backen bei 200°C Ober-/Unterhitze, dann den Guss (s.u.) dazugeben und nochmals ca. 10 Min. fertigbacken.
   Evtl. Hitze reduzieren auf 180°.
   Nach dem Herausholen die süßen Varianten mit etwas Zucker bestreuen.
8. Sofort vom Blech auf einen Rost/Gitter geben., damit er von unten Luft bekommt und nicht zu nass wird.

Guss:

1. Eier mit Sahne und bei süßen Belägen etwas Zucker verrühren.
2. Bei salzigen Belägen den Guss ohne Zucker, dafür 1 Prise Salz evtl. etwas geriebenen Käse beigeben (z.B. bei Spinat).

Ihr könnt auch die würzigen Zutaten gleich in den Guss mischen und auf den Teig geben.
Ausprobieren & experimentieren …

Beilage/Varianten:
Ihr könnte die salzigen Wähen auch gut zu einer Suppe oder einem Salat reichen.
z.B. Maissuppe mit Spinat-/Brennessel- oder Chäswaie. Speckwürfel passen zu Spinat und Lauch.

2012 Stammesgroßfahrt "Ralien", Südtirol/IT | Fotos: Andi

AM LAGERFEUER

nicht nur Tschai

2009 Sommerlager "Märchenwald", Bichishausen | Foto: Stucky

Dschungeltee/Tschai - DAS KULTGETRÄNK ALLER PFADFINDER

Zutaten	4 Pers.	50 Pers.
Dschungeltee		
Wasser (l)	0,30	3,75
Früchteteebeutel für … (l)	0,30	3,75
Apfelsaft	0,15	1,87
Orangen-/Traubensaft halb/halb	0,15	1,87
Dosenobst/Füllmenge (l) Pfirsiche, Aprikosen, Ananas	0,30	3,75
Nelken (Stck.)	3,00	15
Zimtstangen (Stck.)	0,50	5
Zucker nach Bedarf		
evtl. frische Orangenscheiben		

2 TB

*Den Schwarztee vorsichtig verwenden,
zieht er kurz, sind nacher alle hellwach …
Bei Wölflingen lieber gar keinen Schwarztee verwenden (coffeinhaltig und geschmacklich herb).

Beim Saft nehmt mindestens
zur Hälfte Apfelsaft, er rundet das ganze ab.

Vorbereitung:

Wasser für den Tee aufsetzen.
Große Mengen 1 -1,5 Std. vorher.

Arbeitsschritte:

1. Teebeutel in kochendes Wasser geben,
   Früchtetee 10 Min. ziehen lassen (Schwarztee max. 7 Min.),
   alle Teebeutel herausnehmen.
2. Dann den Saft dazu geben.
   Nelken und Zimtstangen beigeben.
   Heiß werden lassen.
   Dosenobst inkl. Saft dazu geben.
3. Aufkochen lassen. Dann Herd abstellen oder auf klein.
   Alles 1/2 Std. ziehen lassen.
4. Kleine Mengen ggf. nochmals kurz erhitzen.
   Unbedingt probieren und abschmecken,
   ggf. Zucker hinzufügen.
   Beim Abschmecken beachten:
   -> Schwarztee/Orangensaft machen herb,
   -> Apfelsaft macht fruchtig,
   -> Zucker/Traubensaft machen sehr süß.
   -> Zitronensaft macht säuerlich.
   -> Orangen-/Zitronenschalen zu lange macht bitter

Bei Dschungelteeresten das Obst noch am Abend herausschöpfen. Dann kann man den übrigen Tee am nächsten Abend noch mal erwärmen, evtl. verdünnen.

Zur Orientierung: Gewichtsangaben, Bsp. Dosenobst Pfirsiche
Mini Dose: ca 300g Füllmenge/175g Abtropfgewicht
Schmale Dose: 420g Füllmg./ 240 Abtropfgewicht
Große Dose: ca 825g Füllmg./490g Abtropfgewicht
(Abtropfgewicht = Einwaage EW)

Varianten: Es gibt vermutlich so viele Tschairezepte, wie es Pfadfinder gibt …
Auf dem Hajk (beim Wandern) kann man auch Dörrobst nehmen (getrocknete Pflaumen und Aprikosen wie Rosinen sind sehr lecker, manche mögen auch Haselnüsse in den Tschai). Man kann bei Erwachsenen den Saft auch durch Wein ersetzen, *Hinweis "Alkohol in der Küche", siehe Seite 27.* Ein paar frische Orangen- und Zitronenscheiben sehen schön aus.

2009 Sommerlager "Märchenwald", Bichishausen | Fotos: Veloce

Popcorn

Zutaten	4 Pers.	50 Pers.
Popcorn		
Popcornmais-Maiskörner (kg)	0,05	0,62
Öl (kg/l)	0,03	0,375
Zucker (kg)	0,03	0,375
oder Salz, evtl. Paprika		

Die Mengenangaben sind relativ,
der Topf ist das Maß, wie viel Popcorn ihr in einer Portion herstellen könnt.
Die Fettmenge hängt auch von der Topfgröße ab, der Topfboden muss einfachreichlich bedeckt sein.

Tipp:
Kleine Mengen zu Hause kann man nach dem Aufplatzen in einer Pfanne noch mit geschmolzener Butter und Zucker karamellisieren.

Arbeitsschritte:

1. Möglichst großen Topf wählen und das Öl in den Hordentopf geben. Der Boden muss gut bedeckt sein.
2. So viele Maiskörner dazu geben, dass der Boden in einer Lage bedeckt ist, nicht mehr aufeinander!
   Dann vorsichtig erhitzen. Vorsicht bei der Zubereitung über dem Lagerfeuer. Topf nicht in die Glut stellen sondern über das Feuer hängen, am besten mit einer Möglichkeit zum Verstellen der Höhe)
   Den Deckel unbedingt auflegen! Nicht öffnen!
3. Wenn sie knallen, platzen sie auf.
   Wenn es langsamer pufft, den Topf mit Deckel leicht schütteln, dass die geschlossenen Körner nach unten rutschen und noch aufplatzen können.
   Nicht verbrennen lassen!

4. Wenn das Knallen fertig ist, bevor sie unten im Topf anbrennen, heraus nehmen, gleich Zucker oder Salz darüber geben, heiß genießen!

Schon mancher Hordentopf war nach derartiger Verwendung mit schwarzen Flecken für immer gebrandmarkt. Passt also gut auf, lieber ein paar Körner ungeplatzt , als den ganzen Boden eingebrannt!
Und lieber den ältesten als den neuesten Topf wählen!
Auf dem Lagerfeuer ist es viel heikler als auf einem regulierbaren Herd mit Strom oder Gas ...
Ansonsten hilft nur Stahlwolle und viel Fleiß!

Varianten:
Man kann das Popcorn auch leicht salzen statt zuckern, oder sogar vorischtig mit etwas Paprika/Curry würzen.

1987 DPV-Lager DOMINO, Münsterland | Foto: Irokese

Raclette am Lagerfeuer

Zutaten

Raclette	4 Pers.	50 Pers.
Raclette-Käse am Stück	0,80	10
Pellkartoffeln (kg)	1	12,5
Silberzwiebeln (Glas)	1	12,5
Cornichons (Glas)	1	12,5
Pfeffer aus der Mühle	0,80	10

Früher wurde der Raclettekäse im Wallis tatsächlich am Feuer geschmolzen.
Ihr könnt das auch, wenn ihr eine größere Guppe habt, dann lohnt sich ein halbes Käserad:
Ein halber Laib Raclette-Käse wiegt je nach Größe zweieinhalb bis drei Kilo. Das reicht also für ca. 10 bis 12 Personen.
Wenn ihr weniger seid, könnt ihr den Rest in Scheiben schneiden und an einem anderen Tag im Tischpfännchengrill schmelzen.

Dazu rechnet ihr 200 bis 250g Pellkartoffeln pro Person.

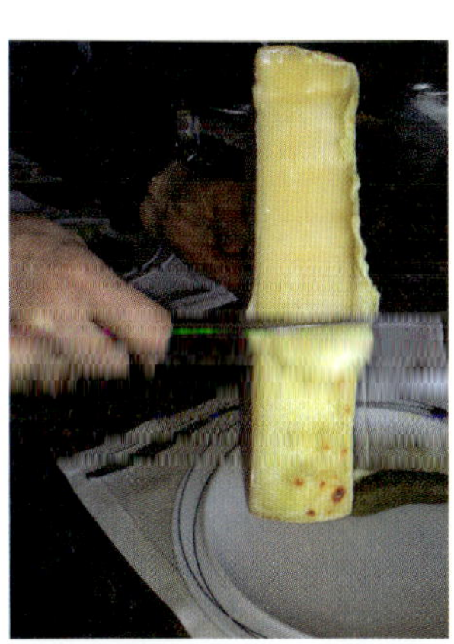

2013, bei Gise[illegible]heim / Foto: Andi

Vorbereitung:

1. Macht euer Feuer am besten in einer Feuerstelle, bei der ihr die Hitze von einer Seite abstrahlen lassen könnt. Sie darf nicht rundherum einen hohen Rand haben.
2. Als Unterlage für einen halben Raclette-Käse benötigt ihr eine flache Steinplatte. Am besten zwei Stück.
   Dann bedeckt ihr ihn/beide mit Alufolie
   oder bürstet ihn sauber und wascht ihn sehr gut ab.

Arbeitsschritte Raclette schmelzen:

1. Das halbe Käserad auf die Steinplatte legen und
   mit der Anschmelzseite ans Feuer schieben,
   dass die äußerste Käseschicht weich wird, schmilzt.
   Sie bekommt dann eine leichte Bräunung, evtl. Blasen.
   Bevor der Käse tropft vom Feuer nehmen und
   den weichen Käse mit einem breiten Messer
   auf den Teller abschaben.
   Etwas frischen Pfeffer darüber mahlen.
   Wer seine Portion hat, ist sie gleich.
2. Den Käse wieder am Feuer anschmelzen u.s.w.
   Wird der ganze Laib zu weich, dann die Hälfte zum
   Abkühlen weglegen und mit der anderen Hälfte
   weitermachen. Evtl. immer abwechselnd.

Die Feuervariante gab es mal an einer Gruppenleiterschulung.
Ansonsten: Wollt ihr Raclette auf dem Hüttenlager machen, fragt vorher nach, ob ein Raclette-Grill vorhanden ist.
Viele Schweizer Pfadiheime haben sogar solche für halbe Käseräder, fast alle haben die Pfännchenvariante.

Beilage:
Dazu kocht ihr klassicher Weise Pellkartoffeln und reicht saures Gemüse (Silberzwiebeln und knackige Cornichons) dazu.
Getränke: Tee, bei Erwachsenen Schwarztee und evtl. Weißwein. *Hinweis "Alkohol in der Küche", siehe Seite 27*
Wenn ihr zu Hause die Pflümli nach diesem Buch eingekocht habt, schmecken sie ausgezeichnet dazu!

2002 bis 2013, Familienbilder zu verschiedenen Anlässen: Gisèles Kinder und Enkelkinder mit Familie | Fotos: Peter/Sonstige aus Familie

FAMILIENREZEPTE

Da diese Rezepte oft nur für den Hausgebrauch in kleinen Mengen gedacht sind, finden sich die Mengnangaben auch in Gramm oder EL oder TL, oder es wird nur eine Prise verwendet.

sonstige Spezialitäten aus Gisl`s Küche

2013 **Bei Hexe zu Hause, Ravensburg** | Foto: Hexe

Fasnachtsküecheli /Apfelstrudelteig

Zutaten	für	
	32-35 Stck.	1 Strudel
Fasnachtsküecheli		
Eier (Stck.)	10	6
Zucker (g)	60	20
zerlassene Butter (g)	50	30
Rahm (EL)	10	6
Salz (Prise)	1	1
Mehl (g)	500	300
Puderzucker (g)	500	0
Mazola/Backfett (kg)	2	0

Achtung mit dem heißem, kochendem Fett!
Auf einem Gasherd müsst ihr sehr vorsichtig sein, damit das Fett kein Feuer fängt.

Wenn es mal brennen sollte, unbedingt ersticken, also Deckel auf den Topf, nie mit Wasser löschen sonst gibt es eine riesige Stichflamme!!!

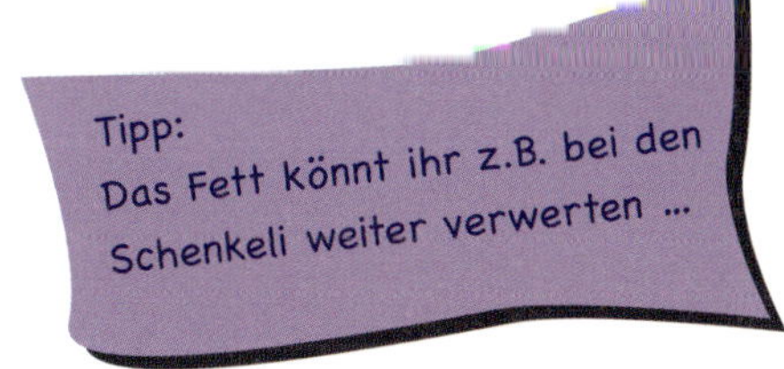

Arbeitsschritte:

1. Die Eier mit dem Zucker schaumig schlagen.
2. Den Rahm und die flüssige Butter dazu geben, weiter gut schlagen.
3. Nach und nach das Mehl beigeben, gut kneten, bis der Teig nicht mehr klebt.
4. Kleine, nussgroße Portionen nehmen, alle auswellen, evtl. in der Nudelpresse dünn ausrollen, von Hand sehr dünn ausziehen (man sollte Zeitung durch den Teig lesen können) und zwischen Tücher legen.

   Früher hat man ein sauberes Küchentuch über die Knie gelegt und die Teigstücke darüber ausgezogen, deswegen heißen diese Fasnachtsküecheli auch "Knieplätz".

5. Fett in einem großen Topf erhitzen und sie hell ausbacken.
6. Herausnehmen, mit Puderzucker bestreuen.

   Fasnachtsküecheli lassen sich am besten zu zweit ausbacken: Einer bäckt und nimmt sie aus dem Fett, der/die andere bestäubt sie durch ein Sieb mit Puderzucker.

   Eine größere Menge könnt ihr in einem mit Geschirrtüchern ausgelegten Wäschekorb aufbewahren

2013 Bei Hexe zu Hause, Ravensburg | Foto: Hexe

Schenkeli

Zutaten 32-35 Stck.

Schenkeli

Zutat	Menge
Eier (Stck.)*	8
Zucker (g)	120
zerlassene Butter (g)	35
geschälte, geriebene Mandeln	50
Zitronenschale (Prise)	1
Backpulver (Msp.)	1
Mehl (g)	250
Mazola/Backfett (kg)	2

*In vielen Rezepten werden nur 2 Eier genommen, ich nehme 8 Stck.

Achtung mit dem kochenden Fett!
Auf einem Gasherd müsst ihr sehr vorsichtig sein, damit das Fett kein Feuer fängt.
Wenn es mal brennen sollte, unbedingt ersticken, also Deckel auf den Topf, nie mit Wasser löschen, sonst gibts eine riesige Stichflamme!!!

Arbeitsschritte:

1. Butter in heiß ausgespühlter Schüssel schaumig rühren,
2. Zucker, Eier und Mandeln beigeben.
3. 10 Minuten rühren (von Hand) oder 5 Minuten (Maschine).
4. Zitronenschale, die Hälfte des Mehles und Backpulver darunter mischen.
   Das restliche Mehl auf den Tisch/das Brett geben und in den Teig einarbeiten.
5. Fingerdicke, 6-7 cm lange Rollen formen, die Teigstücke einzeln an den Enden abrunden oder spitz rollen.
5. Im heißen Fett schwimmend backen, bis sie hellbraun sind und evtl. der Länge nach etwas aufreissen.

Sie lassen sich in Blechdosen längere Zeit aufbewahren, vorausgesetzt, niemand weiß, wo die Dosen versteckt sind ...

2013 Bei Hexe zu Hause, Ravensburg | Foto: Hexe

Basler Brunsli

Zutaten	für 2 Bleche	für 5-6 Bleche
Brunsli		
ungeschälte, fein geriebene (g) Mandeln	300	900
Staub-/Puderzucker**(g)	300	900
Kakao (g)	50	150
Nur leicht zerschlagenes Eiweiß (l) (4 P:2 kleine Eier / 50P: 5-6	0,075	0,20
Wasser (Kirschwasser*) (l)	0,03	0,10
... zum Auswellen Grieß-Zucker		

*Hinweis "Alkohol in der Küche", siehe Seite 27

* Zucker: Geht auch mit halb so viel Zucker.

Arbeitsschritte:

1. Die geriebenen Mandeln mit dem Staubzucker und Kakao gut vermischen.
2. Mit dem Eiweiß und dem Wasser (Kirsch*) kurz zu einem Teig verkneten - erst bröselig, dann weich.
3. Eine Stunde zugedeckt ruhen lassen.
4. Auf Grießzucker ca. 1 cm dick auswellen (Oberseite auch mit etwas Zucker bestreuen, damit sich der Teig besser aus den Formen löst).
5. Formen ausstechen, lieber kompakt, nicht zu kleinteilig.
6. Auf ein gefettetes Backblech oder Backpapier legen (ca. 2 cm auseinander)
7. und etwas antrocknen lassen (ca. 1 Std.).
8. Ofen auf 180°C (Ober-/Unterhitze gut vorheizen und 5-7 Min. auf mittlerer Schiene backen. (Sie sollen von oben trocknen, von unten noch feucht bleiben. Backofentür leicht offenhalten (1/2 cm breit).
9. Nach dem Backen auf dem Blech noch liegen lassen, bis sie sich leicht lösen lassen. Dann auf einem Gitter auskühlen lassen.

Tipp: Wenn man sie dann sofort in einzelne Plastikbeutel verpackt und in den Kühlschrank oder Keller stellt, bleiben sie lange frisch.

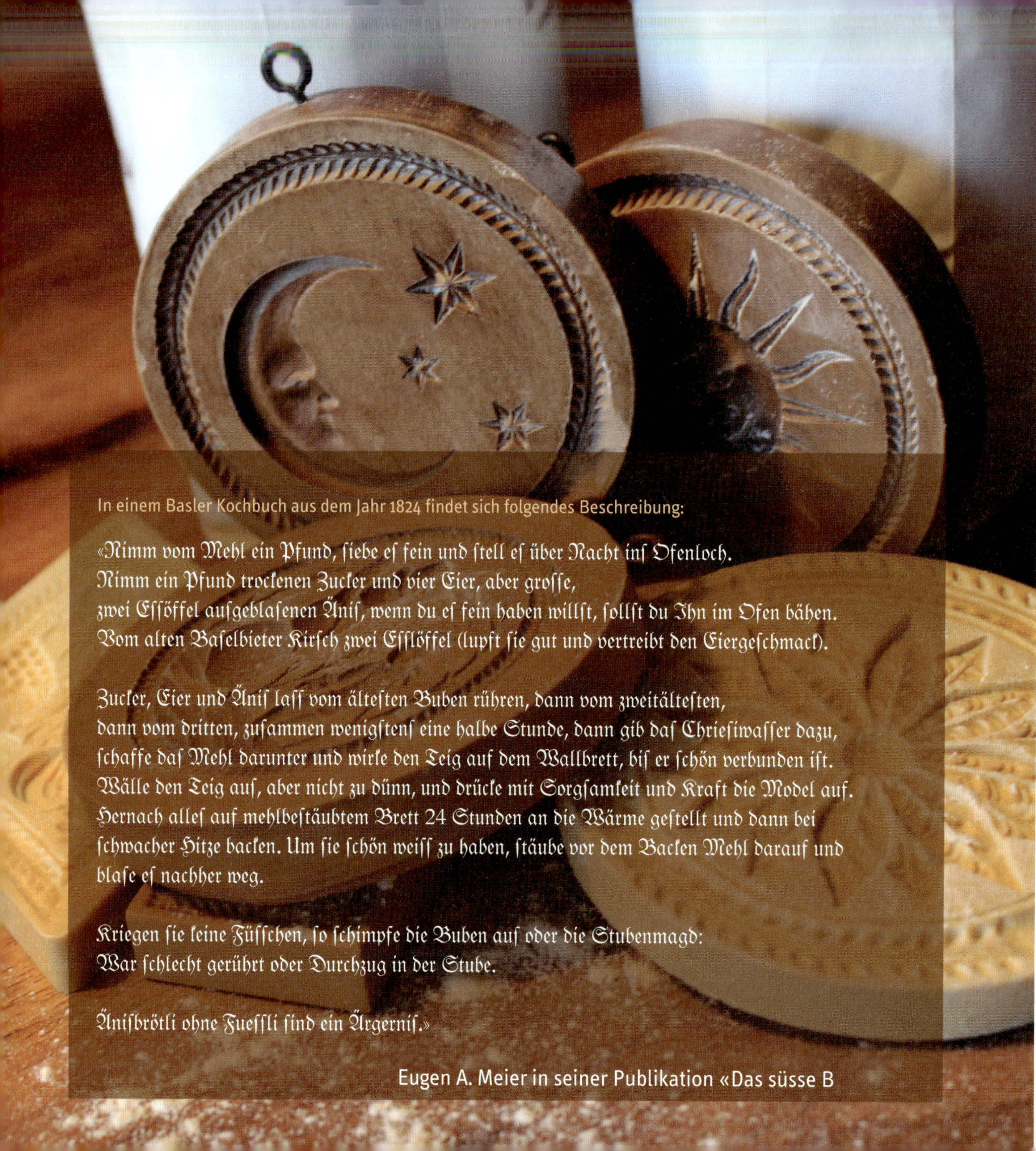

In einem Basler Kochbuch aus dem Jahr 1824 findet sich folgendes Beschreibung:

«Nimm vom Mehl ein Pfund, ſiebe eſ fein und ſtell eſ über Nacht inſ Ofenloch.
Nimm ein Pfund trockenen Zucker und vier Eier, aber groſſe,
zwei Eſſöffel aufgeblaſenen Äniſ, wenn du eſ fein haben willſt, ſollſt du Ihn im Ofen bähen.
Vom alten Baſelbieter Kirſch zwei Eſſlöffel (lupft ſie gut und vertreibt den Eiergeſchmack).

Zucker, Eier und Äniſ laſſ vom älteſten Buben rühren, dann vom zweitälteſten,
dann vom dritten, zuſammen wenigſtenſ eine halbe Stunde, dann gib daſ Chrieſiwaſſer dazu,
ſchaffe daſ Mehl darunter und wirke den Teig auf dem Wallbrett, biſ er ſchön verbunden iſt.
Wälle den Teig auf, aber nicht zu dünn, und drücke mit Sorgſamkeit und Kraft die Model auf.
Hernach alleſ auf mehlbeſtäubtem Brett 24 Stunden an die Wärme geſtellt und dann bei
ſchwacher Hitze backen. Um ſie ſchön weiſſ zu haben, ſtäube vor dem Backen Mehl darauf und
blaſe eſ nachher weg.

Kriegen ſie keine Füſſchen, ſo ſchimpfe die Buben auf oder die Stubenmagd:
War ſchlecht gerührt oder Durchzug in der Stube.

Äniſbrötli ohne Fueſſli ſind ein Ärgerniſ.»

Eugen A. Meier in seiner Publikation «Das süsse B

2013 **Bei Gisl zu Hause in Weingarten "Holzmodel"** | Foto: Hexe

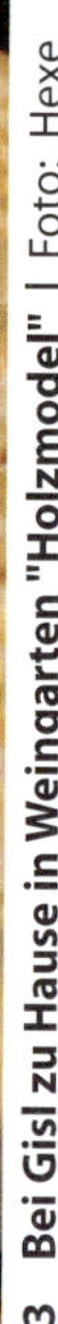

Anisbrötli

Zutaten	für ... Portionen	
	1	2
Anisbrötli		
Staub/Puderzucker*(g)	500	1000
Eier* (Stck.)	5	10
Anis (g)	20	40
Weißmehl (g)	550	1100
Abgeriebene Schale von ... Zitronen	1	2
Backpulver (gestr. Tl)	1/2	1
oder einen El (Wasser Kirsch*) unter die Eier gemischt	1	2
zum Auswellen Mehl/Stärke		

Hinweis "Alkohol in der Küche", siehe Seite 27

* Eier: oder 4 Eier und 50 ml Wasser

Arbeitsschritte:

1. Alle Zutaten (abgewogen) bereit stellen.
2. Eine Metallschüssel heiß ausspülen.
3. Darin die Eier mit dem gesiebten Staubzucker (und dem Wasser, falls nur 4 Eier dabei sind) schaumig schlagen.
   (20-30 Min. von Hand oder 1/5 der Zeit mit Mixer)
4. Dann die abgeriebene Zitronenschale und die Aniskörner darunter mischen.
5. Das Mehl wird mit dem Backpulver gut gemischt und gesiebt
   Dann nach und nach unter die Eiercrème arbeiten, und noch kurz kneten
6. Teig unter einer umgedrehten Schüssel/in Folie ca. 2 Std. ruhen lassen.
7. Teig kurz durchkneten und zwischen zwei Holzstäbchen fingerdick ausrollen (ergibt gerade Kanten). Evtl. mit Stärke bestäuben und mit Handballen glattmassieren (für feine Bildabdrucke).
8. Mit den Modelformen möglichst verlustfrei ausstechen und dem Messer/Teigrädchen/Ausstecher Formen ausschneiden/-stechen.
9. Anisbrötli über Nacht gut antrocknen lassen (nicht zudecken!).
10. Bei 150/160 °C ca 20 bis 30 Min. backen.
    Sie sollen oben hell bleiben
    und unten "Füssli" bekommen.

Tipp:
Es lohnt sich, die Anisbrötli sehr frühzeitig zu backen. Sie werden durch 4-5 wöchiges Lagern nur besser.
Nach dem Backen und völligem Auskühlen versorgt man sie in Dosen und stellt diese an einen kühlen, trockenen Ort.

2013 **Bei Gisl zu Hause in Weingarten "Birewecke"** | Foto: Hexe

Birewecke

Zutaten | 3 Bleche

Geriebener Teig (Wäheteig/salziger Mürbeteig)

Zutat	3 Bleche
Mehl (gr)	750
Butter* (g)	250
Salz (Kl)	1
kaltes Wasser (dl) 2 bis 4 dl	2,5
Schuss Essig ins Wasser	

Füllung

Zutat	3 Bleche
Dörrbinen (g)	400
Zwetschgen oder Äpfel oder Aprikosen (g)	100
Feigen (g)	100
Rosinen (g)	40
Gehackte Walnüsse (g)	40
Zimtpulver (Tl)	1/2
Nelkenpulver (wenig)	
Zucker (g)	30
Ei zum Bestreichen	1

Bei mehreren Blechen Umluft, dann weniger Hitze, ansonsten Ober-/Unterhitze.

Tipp:
Die fertigen Birewecke könnt ihr in Blechdosen gut und recht lange aufbewahren.

Arbeitsschritte geriebener Teig:

1. Salz zum Mehl geben.
2. Mehl mit Butter zerreiben (wie für Streusel).
3. Den Schuss Essig ins Wasser geben.
4. Das Essigwasser nach und nach zu Mehlkrümeln geben und leicht zu einem Teig zusammenkneten (evtl. einmal auswellen und zusammenlegen).
5. Teig in Plastikbeutel oder Folie geben und mind. 30 Min. im Kühlschrank ruhen lassen (besser über Nacht).

Arbeitsschritte Füllung:

1. Dörrobst im Topf mit Wasser bedecken und über Nacht einweichen lassen.
2. Dann ca. 1/2 bis 1 Std. weich kochen.
3. Alles klein schneiden oder durch die Flotte Lotte (Passe-vite) oder durch den Fleischwolf drehen.
4. Die übrigen Zutaten (ohne das Eigelb) unter die Dörrobstmasse mischen.

Arbeitsschritte Birewecke füllen:

1. Den Teig dünn (ca. 3 mm) auswellen und in beliebig grosse Rechtecke schneiden.
2. Die Füllung auf den Teig geben und verstreichnen. Aussen vom Teig ca. 1/2 cm frei lassen.
3. Diesen Rand mit Wasser anfeuchten, die Wecken aufrollen und mit dem "Verschluss" nach unten auf ein gefettetes Blech (od. Backpapier) legen. Weggen etwas einstechen und mit Eigelb bestreichen.
4. Ca. 40 Minuten bei ca. 160 - 180 °C (Ober-/Unterhitze) backen.

2013 **Schinkengipfeli in der Gruppenstunde, Pfadiheim Ravensburg** | Foto: Hexe

Schinkengipfeli

Zutaten	60 Stck.

Füllung

Schinken (g)	250
Essiggurken (g)	80
Petersilie, Bund	1
Butter (g)	20
Eier, groß (Stck.)	1
Sahne (El)	2
Geriebener Käse (El)	2

Teig

Wäheteig (g)	500

Fertigteig

Blätter-/Strudelteig (g)	500

Arbeitsschritte Füllung:

1. Schinken, Essiggurken in Würfel schneiden, Petersilie waschen, klein schneiden.
   In eine Pfanne geben und etwas Butter dazu.
2. Ei, Sahne, Kase dazu und gut umrühren.
   Dann erhitzen, bis das Ei stockt/fest wird

Backofen vorheizen auf 180°C/Ober-/Unterhitze

Füllung in den Teig geben, backen

3. Den Teig dünn auswellen und Vierecke schneiden. (10x10 cm)
4. Mit einem Kaffelöffel die Füllung in der Mitte der Vierecke aufbringen.
5. Über die Ecke einrollen.
6. Backpapier aufs Blech legen und die Gipfeli darauf setzen.
   Wer mag, kann sie noch mit Eigelb bestreichen.
   Bei 180°C ca. 15 bis 20 Min. goldbraun backen.

Tipp:
Man kann die Gipfeli heiß oder kalt servieren, auf einem Buffet, bei einem Empfang o.ä. sind sie ein schöner Willkommensgruß.

Varianten:
Natürlich könnt ihr auch eine vegetarische Füllung mit Ricotta und Spinat oder Käse ausprobieren.

Wenn ihr den Teig selbst herstellen wollt, nehmt das Wähe-Rezept, er ist ganz einfach.
Reicht die Zeit dazu nicht, könnt ihr auch mal einen fertigen Strudel- oder Blätterteig nehmen.

2013 **Bei Hexe zu Hause, Ravensburg** | Foto: Hexe

Evis Apfelbrot

Zutaten	Menge pro Kuchen		
	1	2	5
Apfelbrot			
Sultaninen (kg), eingeweicht*	0,25	0,50	1,25
Vollkornmehl (kg)	0,5	1	2,5
Zucker (kg)	0,15	0,30	0,75
Backpulver	1,5	3,00	7,5
Kakao (El)	1	2,00	5
Nelkenpulver (Tl)	0,5	1,00	2,5
Zitronat (g)	20	40	100
Orangeat (g)	20	40	2,50
ganze Haselnüsse oder Mandeln	0,125	0,25	2,50
geraspelte Äpfel (kg)	0,75	1,50	3,75

*Hinweis "Alkohol in der Küche", siehe Seite 27

Vorbereitung:

Rosinen in Wasser/Rum* einweichen.

Backofen vorheizen auf 150/175 °C.

Arbeitsschritte Apfelbrot:

1. Äpfel grob raspeln (Röstireibe)
2. Mehl, Backpulver, Zucker und Gewürze vermischen.
3. Die eingeweichten Rosinen, Apfel und Nüsse beigeben und zu einem Teig verkneten.
   (Falls der Teig zu trocken ist, etwas Milch beigeben, ist er zu nass, etwas Mehl)
4. Ca. 50 Minuten bei 175°C Ober-/Unterhitze oder 150°C Heißluft backen

Tipps:

Wenn Kinder kein Orangeat/Zitronat mögen, kann man es auch gut weglassen.

Auf dem Weihnachtsmarkt könnt ihr das Apfelbrot gut verkaufen: in Frischhaltefolie verpacken und mit Geschenkbändeln dekorieren.
(Dann eher vier kleine Laibe aus 1 kg Mehl formen)

"Gisl hatte im Herbst immer so viele Äpfel an ihrem Apfelbaum, dass sie sie kaum verarbeiten konnte. Da gab ich ihr dieses Rezept. Ich freue mich sehr, dass es immer noch geliebt wird und jetzt hier erscheint."

Varianten/Beilage:
Mit Butter bestrichen schmeckt es noch leckerer!

2006 Bei Gisels Sohn Hans-Peter Dill, Bio-Ziegen-Hof Schleuse, Regow/Bredereiche | Foto: Peter

Teig zum Ausbacken, z.B. Holunderblüten

Zutaten	4 Pers.	10 Pers.
Teig		
Mehl (kg)	0,20	1
Eier, getrennt (Stck.)	3	7,50
Milch (Alternativ Apfelsaft, Wein*, Bier*) (l)	0,35	0,88
Öl (El)	2	5
Salz (Prise)	1	3
Vanillezucker (g)	5	12
Fett zum Ausbacken (l)	2	2
Puderzucker Zimt z. Bestreuen		
Aus der Natur ...		
Salbeiblätter, ... (Bl.)	20	50
Holunderblüten (Dolden)	15	30

*Hinweis "Alkohol in der Küche", siehe Seite 27

Achtung mit dem kochenden Fett.
Auf einem Gasherd müsst ihr sehr vorsichtig sein, damit das Fett kein Feuer fängt.
Wenn es brennt, unbedingt ersticken, also Deckel auf den Topf, nie mit Wasser löschen, sonst gibts eine riesige Stichflamme!!!

Vorbereitung:
Eier trennen.

Arbeitsschritte Ausbackteig:

1. Eigelb, Mehl, Milch, Öl, Vanillezucker und Salz zu einem dicken Teig rühren, kurz ruhen lassen.
2. Eiweiß zu Eischnee schlagen und unterziehen.
3. Die Holunderdolden durch den Teig ziehen und im erhitzten Fett goldbraun backen, mit Puderzucker und Zimt bestreuen.

Die ausgebackenen Salbeiblätter sehen aus wie kleine Mäuse – "Müüsli", da der Stiel dran bleibt und sie schmecken sehr gut zu Gemüse (Karotten, Bohnen, ...}, besser als jedes Fleisch!

Tipp:
Natürlich sammelt ihr vorher gemeinsam die Holunderblüten, vielleicht findet ihr auch frischen Wiesensalbei?

Varianten:
Salbeiblätter, Apfelringe kann man auch gut ausbacken.
Aber auch dünn geschnittene Champignons werden sehr lecker! Wenn ihr beim Pilzen fit seid, sammelt ihr sie selbst.

Der Lenz-Hof liegt oberhalb von Diegten im Baselbiet. Hier, von Gisèles Schwiegermutter, stammt das aufwändige, aber unschlagbar leckere Rezept für die legendären Pflümli. Ursprünglich wurde es dort mit kleinen Pflaumen gekocht, Gisèle nimmt die wilden, säuerlichen Mirabellen aus ihrem Garten.

Zwetschgen in Essig
1 kg gr. Zwetschgen, 500 gr Zucker, 6 dl Essig od. ½ Wein
½ Stengel Zimt, 6 Nelken.
Die sauberen Zwetschgen werden mit einer spitzen
Beinnadel od. einem Zahnstocher gestupft.
Inzwischen der Zucker in dem Essig aufgekocht
+ die Gewürze ebenfalls hineingegeben.
Mit diesem Sirup erkaltet giesst man ihn an
die Zwetschgen + lässt sie einen Tag stehen.
Dann wird der Saft allein wieder aufgekocht
diesmal noch etwas warm, jedoch nicht heiss
an die Zwetschgen gegeben.
Am 3. Tag setzt man die Zw. mit dem Saft auf die
heisse Platte + kocht sie langsam bis die Haut an
einzelnen Stellen zu reissen beginnt, hebt die Zw.
sofort heraus + kocht den Saft noch etwas ein. Gewürz
entfernen

Beim Lenzhof fand 1988 ein Sommerlager statt. Da zu dieser Zeit gerade die Hauptsaison in der Kirschenernte war, durfte jeden Tag immer eine Gruppe Pfadis beim Kirschenpflücken helfen. Wer geholfen hatte, erkannte man beim Abendessen immer an den blaugefärbten Fingern …

2001 Auf dem Lenz, Diegten-Baselland/CH | Foto: Lenzhof

Pflümli – Gisl's Klassiker zu Raclette

Zutaten	4 Pers.	50 Pers.
Pflümli		
Pflümi (kg)	1	12,5
Zucker (kg)	0,50	6,25
Essig, hell (l)	0,30	3,75
Apfelsaft (Weißwein) (l)	0,30	3,75
Zimtstange	0,50	6,25
Nelken (Stk.)	6	75

*Hinweis "Alkohol in der Küche", siehe Seite 27

Vorbereitung:

1. Obst waschen.

Arbeitsschritte:

1. Zucker mit der Flüssigkeit aufkochen und die Gewürze dazu geben.
2. Sirup erkalten lassen. Währenddessen:
3. Die sauberen Zwetschgen mit einem spitzen Zahnstocher (Holz) mehrmals einstupfen.
4. Den erkalteten Sirup über das Obst geben und einen Tag stehen lassen.
5. Dann den Saft abgießen und aufkochen und etwas auskühlen lassen und lauwarm (nicht heiß, nicht kalt) über das Obst geben. Wieder einen Tag stehen lassen:
6. Am dritten Tag Das Ganze langsam erhitzen, bis die Haut des Obstes anfängt zu reißen. Obst sofort herausnehmen, gleich in Gläser geben, Saft noch etwas einkochen, Gewürze rausnehmen, Saft über das Obst geben und in Gläsern abfüllen.

Beilage:
Unentbehrlich im Hause Dill zum Raclette, passt auch zu Siedfleisch oder Fondue Chinoise.

2001 Skiferien mit der Familie "Käsefondue", Disentis/CH | Foto: Peter

Käse-Fondue

Zutaten	4 Pers.	50 Pers.
Fondue		
Gruyère-Käse, gerieben (kg)	0,24	3
Emmentaler, gerieben (kg)	0,24	3
Appenzeller	0,24	3
Apfelsaft (Weisswein) (l)	0,40	5
Maizena/Mondamin (El)	1	12,5
Knoblauchzehe	1	12,5
Pfeffer		
Weißbrot, Baguette		

**Hinweis "Alkohol in der Küche", siehe Seite 27*

Meistens wird 200 bis 250g Käse pro Person gerechnet.
Es gibt verschiedene Rezepte mit Fonduemischungen. Gryère, Emmentaler, Appenzeller sind klassisch, manchmal wird auch der Friburger Vacherin darunter gemischt.

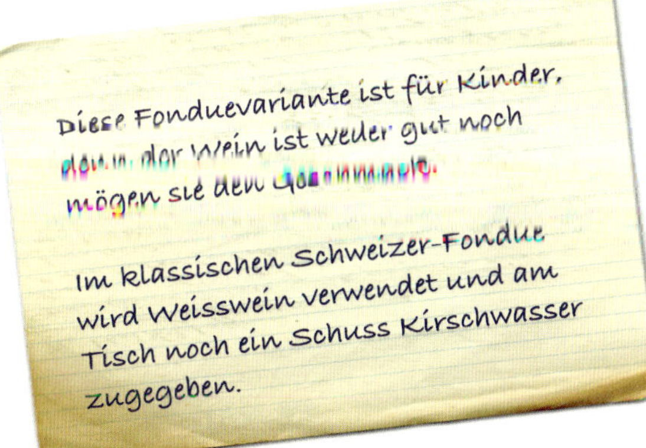

Vorbereitung:

1. Knoblauchzehe schälen und halbieren.
   Dann das Caquelon (Fonduetopf) mit dem Knoblauch ausreiben.
2. Das Caquelon nun auf den Herd stellen.

Arbeitsschritte Fondue anrühren:

3. Den Käse mit dem Saft (Wein*)
   (etwas Flüssigkeit fürs Maizena zurückbehalten)
   ins Caquelon geben und unter
   ständigem Rühren schmelzen und aufkochen lassen.
4. Maizena mit der zurückbehaltenen Flüssigkeit anrühren und dazugeben.
5. Alles sehr gut weiter rühren, bis alles weich und geschmeidig ist.
6. Mit Pfeffer abschmecken.

Arbeitsschritte Fondue servieren:

7. Caquelon vom Herd nehmen und am Tisch
   aufs Rechaud stellen.

Beilage:
Weißbrot und Baguette, dazu als Getränke für Kinder Früchtetee, für Erwachsene evtl. Weißwein* und Schwarztee, reichen.

2013 Bei Gisl zu Hause in Weingarten "Fondue Chinoise" | Fotos: Andi

Fondue-Saucen (für Fondue Chinoise/Fleischfondue)

Zutaten	4 Pers.	50 Pers.
Grundsauce I		
Topfen (kg)	0,20	2,5
Crème fraîche (kg)	0,20	2,5
Joghurt (kg)	0,20	2,5
Grundsauce II (mit Mayonnaise)		
Durch frische Mayo die Hälfte der Grundsauce ersetzen.	0,30	3,75
Salz (kg)	0,005	0,06

Keine Fertigmayo nehmen, wenn ihr sie nicht selber macht, nehmt lieber nur Milchprodukte.

Vorbereitung:

1. 1 Tag vorher Currypulver in Öl anrühren, 1 Esslöffel Kurkuma mit Öl anrühren und evtl. ein Esslöffel Chili mit Öl., gehackte, getrocknete Tomaten ebenfalls in Öl legen.
2. Ein paar Stunden vorher: Meerrettich fein reiben und in 1 TL weißen Essig ziehen lassen.
3. Direkt davor: Evtl. Mayonaise selbst herstellen.

Arbeitsschritte Fonduesaucen anrühren:

4. Nach Lust und Laune die verschiedenen Saucen zusammenstellen: Immer etwas Grundsauce + kl. Prise Salz + Gewürze:

Gisl's Spezial (Abwandlung der Sauce Gribiche*)
1 kleines, hartgekochtes Ei und 2 Cornichons fein schneiden, Petersilie und 1 EL Kapern fein gehackt, Msp. Senf, 1 Schalotte fein schneiden, in etwas Essig ziehen lassen, dann beigeben. (Die ist so lecker, davon doppelte Menge machen, sie ist nicht scharf, die mögen immer alle) *Klassisch wird die Sauce Gribiche noch mit Öl und Essig ergänzt, das Eigelb püriert, Estragon und Kerbel zugegeben.

Kurkuma:
eingeweichtes Kurkuma, 1/2 TL Honig, Rosinen. Mit Rosinen dekorieren.

Grüne Sauce – Sauce Provencal oder Sauce Italy:
diverse frische Kräuter geben die grüne Farbe: Petersilie, Schnittlauch. Wers schärfer mag, nimmt. grünen Pfeffer dazu, nach Geschack Salbei. Im Winter sind eingelegte Kräuter aus dem Glas möglich.

Noch eine grüne Pfeffersauce:
Frischen, grünen Pfeffer aus dem Glas, fein gehackt.

Gelbe Sauce (Curry)
1/2 Tl Zucker, der eingeweichte Curry, 1/4 fein geschnittener Apfel. Mit Apfelschnitzen dekorieren.

Weiße Sauce:
2 Knoblauchzehen zerdrücken (Gabel oder Presse) und dazugeben.

Meerettich:
Schlagsahne, Prise Salz, geriebener Meerretich frisch oder aus dem Glas.

Tomate:
1 EL Tomatenmark, getrocknete Tomaten (vorher in Öl einweichen) mit Pfeffer würzen.

Chili-Sauce
1/2 TL Zucker, eingeweichten Chili und 1 EL fein geschnittene, frische Paprika. Mit Paprikastückchen dekorieren.

Cornichons und **Silberzwiebeln** jeweils in Schälchen

Pflümli (Rezept im Kochbuch) im Schälchen dazu reichen.

Preiselbeeren: im Schälchen dazu reichen.

2005 Gisèle zu Besuch bei ihrer Tochter Ruth-Esther Dill, Winterthur/CH | Foto: Peter

Danke ... Danke ... Danke

Vielen Dank an alle die Menschen, die geschoben und gedrängelt haben (wann gibts endlich deine Rezepte ... dein Kochbuch ...?) Das half wesentlich für den Start!
Dann aber vor allem ganz vielen Dank an Hexe (Alexandra). Sie hat nicht nur viele Stunden, Wochen, ja Monate sondern auch viel Phantasie und Ideen investiert, damit aus meinen Rezepten überhaupt ein Buch werden konnte.
Sie hat sämtliche Rezepte auf ein anderes Programm umgeschrieben, neu gestaltet, hartnäckig bei allen ehemaligen Pfadfindern Fotos erbettelt, diese aufgearbeitet und ausdauernd alle Jahreszahlern der verschienenen Lager erforscht ...

1986 – Ich glaube es war in Nessenreben, konnte man bei mir einen Kochkurs belegen, es gab sogar ein Spezialabzeichen dafür. Hexe gehörte zu jenen "Lehrlingen". So ist es für mich besonders schön, dass sie die Gestaltung in die Hand nahm, und daraus ein "Erinnerungsbuch" machte.
Ganz, ganz herzlichen Dank dafür.

Daneben gab es aber noch jede Art von Hilfsangeboten: Probekochen, Korrekturlesen, Mitdenken, Anregungen und Fragen von allen Seiten, Fotos und Daten ausgraben und schicken (Der Computer machts möglich).
Auch ihnen allen vielen Dank.

Ganz zum Schluss ist es mir noch ganz wichtig, den vielen „KüchendiesntlerInnen" zu danken; zu danken nämlich dafür, dass sie ihre Arbeit (fast) immer mit Freude und guter Laune gewürzt haben, was sicher mit ein Grund ist, warum ich so viele Jahre für und mit euch gekocht habe.

Gisèle Dill

Inhaltsverzeichnis

Unsere ehemalige Kluft (li. Seite), **die heutige Kluft** (re. Seite)
Auf der Kluft gibt es heute das Bundesabzeichen, welches zeigt, dass wir zum Pfadfinderbund Horizonte gehören;
das Stammesabzeichen gibt an, aus welchem Stamm man kommt, das Meuten-/Sippenabzeichen aus welcher Sippe.
Für internationale Lager gibt es noch ein "BOY/GIRL SCOUT OF GERMANY", damit man das Herkunftsland schnell erkennt.

Das sind unsere Halstücher:

Gelb:	Wölflinge
Grün mit weißem Rand:	Wolfspfadfinder
Blau mit weißem Rand:	Jungpfadfinder
Blau mit weißem Rand, versetzt:	Pfadfinder
Rot-Schwarz, versetzt:	Rover

2008 Jubiläums-Pfingstlager "40 Jahre PB Horizonte"/Ravensburg
Fotos: li. Stucki, re. Irokese

1988 Pfingstlager "Kontakte", Waldenbuch | Foto: Irokese

Pfadi-Glossar

Baden-Powell, Robert	Gründer der Pfadfinderbewegung
Bula	Bundeslager (alle Pfadfinder des Pfadfinderbund Horizonte e.V.)
EWP	Abkürzung für Stamm Edelweisspiraten (Pfadfinder in Ravensburg)
Großfahrt	Mehrtägige Wanderung im Ausland
Gruppenstunde	Wöchentliches Gruppentreffen im Pfadiheim
Hajk/Fahrt	Mehrtägige Wanderung mit/ohne Aufgaben, Unterkunft wird unterwegs gesucht
Halstuch	Weltweites Kennzeichen aller Pfadfinder
Hela	Herbstlager
Hordentopf	Topf, geeignet um über Feuer zu kochen
Jungpfadfinder (Stufe)	Altersgruppe 11 bis 12 Jahre (Abkürzung JP)
Kluft (Pfaddihemd)	Aller Pfadfinder tragen zum Zeichen der Zusammengehörigkeit eine Kluft. In den verschiedenen Bünden/Ländern kann sie verschiedene Farben haben. Sie soll die sozialen Herkünfte unwichtig werden lassen. Durch Abzeichen werden bestimmte Zugehörigkeiten, evtl. Fähigkeiten dargestellt.
Kothe	Schwarzes Zelt aus 4 Planen mit Feuerstelle
Kreis	Frühere Einheit, in der mehrere Trupps eines Landkreises zusammengefasst waren: Filder/Neckar (Stuttgart, Ostfildern), Oberschwaben (Ravensburg), Schönbuch/Schwarzwald (Waldenbuch, Calw), Munderkingen, Immendingen?, Trp. 26 Bietigheim, Ludwigsburg?,
Lilie	Symbol für die Pfadfinderbewegung
Meute	Altersgemischte Gruppe Wölflinge, 6 - 9 Jahre, koedukativ.
PBSL	Abkürzung für Pfadfinderbund Südlegion (früherer Name des Pfadfinderbund Horizonte)
Pfadfinder (Stufe)	Altersgruppe 13 bis 15 Jahre (Abkürzung P)
Pfadfinderbund Horizonte	Verein für Überkonfessionelle Pfadfinderarbeit
Pfadi	Abkürzung für Pfadfinder
Pfadiheim	Treffpunkt der Pfadfinder eines Ortes
Pfila	Pfingstlager
Rover (Stufe)	Altersgruppe ab 16 Jahre (Abkürzung RO)
Sippe	Kleine, altersgleiche, Gruppe von 5 bis 7 Kindern (Jungen und Mädchen getrennt)
Sola	Sommerlager
Stamm	Pfadfindergruppe an einem Ort
Stamm Calapallo	Pfadfinderstamm in Karlsruhe, Abkürzung CP
Stamm Edelweisspiraten	Pfadfinderstamm in Ravensburg (ehem. Trupp 17/23) Abkürzung EWP
Stamm Gallisches Dorf	Pfadfinderstamm in Munderkingen (ehem. Trp. ...), Abkürzung GD
Stamm Steppenwöfe	Pfadfinderstamm in Calw, Abkürzung SW
Stamm Schwarzkittel	Pfadfinderstamm in Steinenbronn, Abkürzung SK
Trupp	Frühere Einheit für mehrere Sippen an einem Ort, Buben/Mädchen getrennt, Abkürzung Trp.
Stamm Wilde Karamempel	Pfadfinderstamm in Stuttgart (ehem. Trupps 2/4/5/11/19), Abkürzung WK
Wölflinge (Stufe)	Altersgruppe 6 bis 9 Jahre (Abkürzung WÖ)
Wolfspfadinder (Stufe)	Altersgruppe 9 bis 10 Jahre (Abkürzung WP)

Lagerverzeichnis 1980 bis 2013 Lager, zu denen Bilder hier im Kochbuch sind, sind hervorgehoben

Jahr	Ostern	Ort	Pfingsten Lager/Motto	Ort
1980	Trp. 14/21 (Waldenbuch)	Bärentalhütte	Pfila "INTERMIX"	Ponderosa/Waldenbuch
	Osterfahrt der Leiter Kreis Oberschwaben	Straßburg		
1981	Kreis Filder/Neckar	Neckarsteinach	Bula	Justingen
1982	Gruppenleiterschulung	Bärentalhütte	**Pfila**	**Pfaffental (bei Lahr)**
1983	Trp. 4/5/15 (Stgt)	Bärentalhütte	Bula "15 JAHRE PBSL"	Immendingen/Mauenheim
1984	Osterfahrt der Leiter Kreis Filder/ Neckar & Schönb./Schwarzwald	Burg Hohen Krähen	Pfila 10 Jahre Trp. Waldenbuch	Ponderosa, Waldenbuch
			Pfila Trp. 17/23 (RV)	Sigmaringen
1985	Osterlager Kreis Filder/Neckar	Steinhäußle Calw	**Pfila"WINDROSE", das "Anhaijklager"**	**Bärentalhütte/Springen/ Münsingen/Justingen**
	Osterfahrt der Rover Kreis Oberschwaben	Heidelberg		
1986	Osterfahrt der Leiter Kreise Filder/ Neckar & Schönb./Schwarzw.	Burg Hohen Krähen	Pfila Kreis Filder/Neckar "ATOMINO" (DPV-Domino abgesagt wegen Tschernobyl)	Munderkingen/Haus Arand
	Osterlager Trp.24 (Immendingen)	Steinhäußle/Calw		
1987	Osterlager Trp. 2/5/22 (Stgt. & Calw)	Steinhäußle/Calw	**DPV-Großlager "DOMINO"**	**Münsterland**
	Skiausfahrt der Rover	Bovec/SLO		
1988	Osterlager Kreis Filder/Neckar	Bärentalhütte	**Pfila "KONTAKTE" - 20 Jahre PBSL**	**Ponderosa, Waldenbuch**
	Bundes-Roverfahrt	**Bremen**		
	Gruppenleiterschulung	**Bärentalhütte**		
1989	Gruppenleiterschulung	Bärentalhütte	Pfingstlager Trp. 8/10/13 (Dietenheim u. Munderkingen)	Ochsenhausen
	Trp. 17/23 (RV) Osterfahrt "Rivoli"	Exilles/Susatal (IT)	Pfingstlager Trp 4/7/11/15 (Stgt)	Ruppertshofen
	Gitarrenbauseminar	Weingarten (bei Andi Dill)	Kreis-Pfingstlager Kreis Oberschwaben	Ravensburg
1990	Osterfahrt des "Stamm Tisch" (Leiter)	Macon/Frankreich	Pfingstlager	unbekannt
1991	Osterlager Trp. 20/24 (Immendingen)	Burg Wildenstein	Pfingstlager	unbekannt

EWP Stamm Edelweißpiraten, Ravensburg SW Stamm Steppenwolf, Calw CP Stamm Calapallo, Karlsruhe SK Stamm Schwarzkittel, Steinenbronn

(Natürlich war nicht Platz für alle Lager, was uns bekannt war, wurde weitgehend aufgenommen)

Sommer, Lager/Motto	Ort	Herbstlager/ Sonstiges	Sonstiges
BundesSola "Römer"	Justingen	Bundes-Roverfahrt ans Nordkap/NW	Trp. 24 (Immendingen) Roverfahrt "3-Länder-Tour" D/FR/NL
		Roverfahrt Kreis Oberschwaben "Englandfahrt"	Besuch der Rover beim Fürsten von Liechtenstein
		Roverfahrt Kreis Schönb./Schwarzw. "Bretagne-Fahrt"	
BundesSola	Waldenhofen/Allg.		Schweizer 2-Tage-Marsch
BundesSola	Erlenmoos/Ochsenhausen	Trp. 17/23 (RV) Maierhöfen bei Isny	
Kreis Schönb./Schwarzw. Roverfahrt "Toscana"	Toskana/Italien		
BundesSola "Ritter"	Burg Hohen Krähen/Singen	Roverfahrt nach Kandersteg	Schweizer 2-Tage-Marsch
		Hela Trp. 2/4/5/15 Bärentalhütte	Schweizer 2-Tage-Marsch
		Hela Kreis Schönb./Schwarzw. Steinhäusle/Calw	
Sola (Alex Swoboda) Kreis Filder Ne-char u. Schönb./Schwarzw.	Ruppertshofen	Hela Kreis Filder/Neckar Pfadiheim "Stiefvater", Coburg	Schweizer 2-Tage-Marsch
Sola (Andi) Kreis Oberschwaben	Donautal	DPV-Segellehrgang Fellhorst (DPV-Seepfadfinder)	
BundesSola	Weingarten	Hela Kreis Filder/Neckar Coburg	Schweizer 2-Tage-Marsch
Roverfahrt Kreis Filder/Neckar/ Schönb. Schwarzwald	Schweden		
BundesSola	Mauenheim/Immendingen	Bundes-Hela "Schweiz"Sulz/CH	Schweizer 2-Tage-Marsch
BundesWöSola "Der kleine Hobbit"			
BundesSola "Zurück zur Steinzeit oder Ökopfad, so ein Theater"	Lenz Hof Diegten/CH	Hela Kreis Filder/Neckar Bärentalhütte	Schweizer 2-Tage-Marsch
BundesWöSola "Dschungelbuch"		Hela Trp. 17/23 Ingoldstadt	PBSL-Segeltörn Ostsee
Roverfahrt einiger Leiter	Auvergne	Roverfahrt Trp. 17/23 "Schweizfahrt" Vierwaldstätter See(CH)	Skiausfahrt der Rover Saas Grund/CH
BundesSola "Indianer"	**Neckarsteinach**	Hela Kreise Filder/Neckar u. Schönb./ Schwarzw. inkl. PSD Stämme aus Stgt. [illegible]	**Ski-Ausfahrt Rover "Vercorin I" Vercorin, Val d'Anniviers/CH**
		Hela Trp. 17/23 (RV) Sulz/CH	
Bundesgroßfahrt "Italia `90 – Italia Novante"	Exilles/Susatal		Ski-Ausfahrt der Rover "Vercorin II" Vercorin, Val d'Anniviers/CH
Roverlager EUROPOLIS	**Ponderosa, Waldenbuch**		
BundesSola "Ritterlager"	Bad Tölz	1. Zirkus-Fahrt durch die Schweiz (Pfadicircus "Siligor" RV u.a.)	Roverfahrt "Vinolio" des "Stamm Tisch" Valpolicella/IT
Bundes-Roverfahrt "Kanu-Tour"	Schweden	Herbstfahrt Trp. 17/23 (RV) Ungarn zur Partnergruppe in Miscolc	

EWP *Stamm Edelweißpiraten, Ravensburg* *SW* *Stamm Steppenwolf, Calw* *CP* *Stamm Calapallo, Karlsruhe* *SK* *Stamm Schwarzkittel, Steinenbronn*

Jahr	Ostern	Ort	Pfingsten Lager/Motto	Ort
1992	Gruppenleiterschulung	Weil der Stadt	**DPV Großlager "WASGONIA"**	**Dahner Felsenland**
1993	Rovergroßfahrt	Ägypten	Bula "25 JAHRE PBSL"	Bärentalhütte
1994	Gruppenleiterschulung	Weil der Stadt	Bula	Lauratal bei Weingarten
1995	Gruppenleiterschulung	unbekannt	Bula	Steinenbronn (zw. Stgt. und Tübingen)
1996	Gruppenleiterschulung	unbekannt	Bula	Schwäbisch Hall
1997	Gruppenleiterschulung	unbekannt	Bula	Steinenbronn
1998	Gruppenleiterschulung	Oberkirch	**Pfila mit der PSD und PS Grenzland "PFINGSTEN IM SÜDEN"**	**Aalen**
1999	Gruppenleiterschulung	Lenzburg/CH	Bula	unbekannt
2000	Gruppenleiterschulung	Eisenach	Bula	unbekannt
2001	Gruppenleiterschulung	Braunsbach	Bula	Wilhelmskirch
2002	Gruppenleiterschulung	Biberach	DPV-PFADIKRATIE	Glashagen
2003	Gruppenleiterschulung	unbekannt	**Bula „Auf den Spuren der Vergangenheit"**	**Steinenbronn**
2004	Gruppenleiterschulung	Wallis/CH	Bula	Calw
2005	Gruppenleiterschulung	Passau	Bula mit PSD "PFILAPOLIS – Griechen"	Furtwangen/Stöcklewald bei Triberg

EWP Stamm Edelweißpiraten, Ravensburg SW Stamm Steppenwolf, Calw CP Stamm Calapallo, Karlsruhe SK Stamm Schwarzkittel, Steinenbronn

Sommer, Lager/Motto	Ort	Herbstlager/ Sonstiges	Sonstiges
BundesSola "Amerika der Pioniere-Cowboylager"	Ochsenhausen	2. Zirkus-Fahrt durch die Schweiz (Pfadicircus "Siligor" RV u.a.)	
PBSL Segel-Törn	Ostsee	Hela Stamm Wilde Karamempel & Schwarzkittel	
EWP Stammesgroßfahrt	Partnerstadt Montelimar/FR		
BundesSola "Weltreligionen"	Regow/Bredereiche (Schleusenhof bei Hans-Peter Dill)	ÜT/Überbündisches Treffen Oktoberbünde	
PBSL Segel-Törn	Ostsee	Hela Truppweise: JP-EWP Arosa/CH, Wö-EWP Mels/CH	
Stammesgroßfahrt EWP mit Fahrrad & Jamboree-Besuch	Dronten/Holland		"Adventure" Calw
Bula "Larkwei"	Erbstetten		4. Platz Hamburger Singewettstreit Sippe Wildkatzen "Cool sein", "Schließ Aug' und Ohr"
DPV-Lager Absage wegen Überflutung Wroclaw		Hela EWP " Kastilien 1377", Stein/CH	1. Platz Hamburger Singewettstreit Bundeschor „Brot & Rosen", "Jem of the roe"
EWP Großfahrt Wochenendticket-Touren bis Sassnitz	Schweden Växijö		
DPV-Großlager "SPOTKANJE" , anschl. Bundes-Standlager	Polen, Suliscrovice/Breslau Kassel/Eschwege	Singewettstreit in Ravensburg Bundes-Gruppenleitertreffen Berghaus Parmot/ CH	3. Platz Hamburger Singewettstreit Sippe Kraniche „Wochenendticket" , GL-Singekreis "Was ich an Dir mag"
Stammesgroßfahrt EWP & CP "Italia- letzte Fahrt im Jahrtausend"	Susa	**Hela EWP "Schottland"**	3. Platz Hamburger Singewettstreit Sippe Kraniche „Ermitanyo", "Das erste Mal"
BundesSola "Edoras"	**Bichishausen**	Hela EWP: Sippenweise, z.B.Flums	Triple X – DPV Roverlager/Eisenach
			1. Platz Hamburger Singewettstreit Stamm EWP "Unser kleines Schiff", "Ja. Du kasch es wenn Du wirklich willsch"
Stammesgroßfahrt EWP "Sverige 01"	Schweden	Hela EWP "Europa", Ebnat Kappel/CH	1. Platz Hamburger Singewettstreit Si. Kraniche „So sind die Pfadfinder" 5. Platz Sippe Crizzly "Lied in der Nacht"
BundesSola "Inka"	**Ruppertshofen**	Hela EWP "Afrika" CH/Elm Hela SW: [illegible]	SW: "Jim Knopf" St. Gallen/CH
Stammesgroßfahrt Stämme EWP und CP "Olympia"	**Valle Maira/Italien**	**Hela EWP "Harry Potter", Elm/CH** Hela SW "Transsilvanien"	1. Platz Hamburger Singewettstreit Sippe Crizzly "Pfadis sind wir", 2. Platz Sippe Lamantin "Geh nie mit Jungs auf Fahrt"
BundesSola Jungpfadfinder "Forscher"	**Ochsenhausen**	Hela EWP Sedrun "Asterix & Obelix"	Leitertreffen in München mit den schwarzen Löwen PB Grenzl.
Wölflinge "Dschungel"		Hela SW "Weltreise" Köniz bei Bern/CH	**1. Platz Hamburger Singewettstreit Stamm Edelweißpiraten "Schwabentango", "Nachtlied"**
Stammesgroßfahrt EWP	**Polen**	Hela EWP "Schweiz" Sedrun/CH Hela SW: "Asterix & Obelix" Biberach	"Adventure" in Calw

EWP *Stamm Edelweißpiraten, Ravensburg* *SW* *Stamm Steppenwolf, Calw* *CP* *Stamm Calapallo, Karlsruhe* *SK* *Stamm Schwarzkittel, Steinenbronn*

Jahr	Ostern	Ort	Pfingsten Lager/Motto	Ort
2006	Gruppenleiterschulung	Immenstadt	Bula	Karlsruhe
2007	Gruppenleiterschulung	Lenzkirch/Kappel	**PDV-EXPLORIS**	**Schwalmtal**
2008	Gruppenleiterschulung	Lenzkirch/Kappel	**Bula mit Jubiläumsfeier: "40 Jahre PB Horizonte"**	**Vorderweißenried/Ravensburg**
2009	Gruppenleiterschulung	Gengenbach	**3-Bünde-Lager "AVALON" PB Horizonte, PSD, PS Grenzland**	**Schwäbisch Hall**
2010	Gruppenleiterschulung	Schwäbisch Gmünd	Bundeslager	Steinenbronn
2011	**Gruppenleiterschulung**	**Gengenbach**	Bula	Calw
2012	Gruppenleiterschulung	Schönwald	DPV Sippenaktion "Schwarzer Turm"	Bad Sooden-Allendorf Hohenstein
			Bundes-Wö-Lager "Zeitreise"	Hohenstein/Reutlingen
2013	Gruppenleiterschulung	Schloss Bittelbrunn/Engen	**Bula**	**Langensteinbach**

2008 Herbstlager Trp. Pegasus | Foto: Stammesarchiv N.N.

EWP Stamm Edelweißpiraten, Ravensburg   SW Stamm Steppenwolf, Calw   CP Stamm Calapallo, Karlsruhe   SK Stamm Schwarzkittel, Steinenbronn

Sommer, Lager/Motto	Ort	Herbstlager/ Sonstiges	Sonstiges
BundesSola "Seefahrer"	Kisslegg	**Hela EWP Sedrun/CH** Hela SW&SK "Mittelalter" CH	Stammesführerschulung in Sternenfels-Diefenbach
BundesSola "Caraska – wir bauen eine Stadt"	Beilstein/Heilbronn Gronauer Platte	Hela EPW Truppweise, z.B.: Pfadiheim Villa Kunterbunt/CH	Hela SW: "Zauberer" St. Gallen/CH
Stammesgroßfahrten:	**EWP Novalesa bei Susa/IT**	**Hela EWP Truppweise Lacerta & Bundschuh ELM/CH Phönix Wangs/CH**	Hela SW & SK "Vampire"
		Gruppenleiterwochenende mit PsG, PSD und BdP in Raumünzach	Stammesführerschulung am Feldberg
BundesSola "Märchenwald"	**Bichishausen**	**Hela EWP "Zeitreise" Elm/CH**	**Stammesführerschulung in Kirschbaumvasen**
Stammesgroßfahrten	EWP in Schweden	**Hela EWP "Weltreise", Elm/CH**	Bundes-Stammesführerfahrt auf der Loire/FR
BundesSola "Wilder Westen"	**Wangen**	Hela EWP "Ravensburger Spiele" Disentis/CH	Stammesführerschulung in Sternenfels-Diefenbach
Stammesgroßfahrten	**EWP "Italien" Mals (Südtirol/Italien)**	Bundeshela "Geister/Zwerge" Sedrun/CH	Stammesführerschulung in Nöggenschwiel
BundesSola "Novitas"	**Donautal**	**Hela EWP "Harry Potter" Elm/CH**	Stammesführerschulung Ravensburg

2003 Deligiertenversammlung in Ravensburg | Foto: Andi

EWP Stamm Edelweißpiraten, Ravensburg SW Stamm Steppenwolf, Calw CP Stamm Calapallo, Karlsruhe SK Stamm Schwarzkittel, Steinenbronn

Nachwort über die Fotos

2004 **Roverprüfung** | Foto: Stammesarchiv N.N.

Zuerst Stand die Idee, die Rezepte durch ein paar Pfadifotos und Zitate B.P.s aufzulockern. Im Zuge des Projektes enstand jedoch eine umfangreiche Sammlung von Pfadifotos aus 30 Jahren.
So ist am Ende doch ein dickes, selbständiges Erinnerungsalbum im Kochbuch entstanden. Allerdings nicht chonologisch, sondern eben zum Rezept passend ...
Für alle, die es chronologisch lieben, gibt es die Lagerübersicht mit allen Lagern unseres Pfadinderbundes während dieser Zeit.

An dieser Stelle herzlichen Dank an alle Fotografen, die sich die Mühe gemacht haben, uns Ihre Bilder zur Verfügung zu stellen!

Priorität hatten bei der Auswahl vowiegend die Bilder, die entweder direkt zu einem Gericht passten oder auf denen Ess-/Kochsituationen dargestellt waren, vorzugsweise natürlich die Lager, bei denen Gisèle uns mit vorzüglichem Essen verwöhnt hat!
Erstaunlich oft konnten wir „das Bild zum Rezept" finden.
Doch auch andere schöne Lagerbilder, die das Pfadfinderleben auf dem Lager zeigen, gefielen uns so gut, dass wir sie ausgewählt haben.

Verzeiht bitte die schwächere Qualität der älteren Bildern, durch die Digitalisierung verloren sie etwas Schärfe, nach bestem Können habe ich sie überarbeitet und optimiert!
Danke an Kathy und Herbert für die Tipps!

Es hat mir sehr große Freude gemacht, dieses Kochbuchprojekt mit Gisèle durchzuführen!
Und wie immer – bei allem was man so für die Pfadis tut, habe ich eine riesige Menge an Neuem gelernt - Learning by doing!

In diesem Sinne BPs* – nur Mut zum Kochen,
seid allzeit (zu allem) bereit.

Gut Pfad, Hexe